V comme

VIRAGO

ISBN : 978-2-412-04807-8
Dépôt légal : janvier 2020

Imprimé en Espagne

Illustrations :
Léna Bousquet

Relecture :
Judith Levitan-Dousset

Mise en page :
Capucine Deslouis et Camille Levrier

Logo « virago » :
Jérôme Vaclin

Éditions First, un département d'Édi8
92, avenue de France
75013 Paris
Tél. 01 44 16 09 00 / Fax 01 44 16 09 01
Courriel : firstinfo@efirst.com / Internet : www.editionsfirst.fr

Aude Gogny-Goubert & Adrien Rebaudo
Illustré par Léna Bousquet

V comme VIRAGO

FIRST
ÉDITIONS

Sommaire

« La gueule de liberté, ça se reconnaît tout de suite chez les femmes. Elles marchent droit, hautes et fières, elles redressent les épaules, et elles sont toujours en train de gagner leur propre autonomie et leur propre liberté. »

Thérèse Clerc

Avant-propos

Très jeune j'ai lu tout à fait par hasard *Ma vie*, l'autobiographie d'Isadora Duncan. C'est un souvenir fort et un livre qui m'a longtemps accompagnée. Je me souviens d'avoir été fascinée par la liberté et l'audace de cette femme. Mais en même temps... elle me choquait ! Elle osait, elle cassait les codes ! Et de par mon éducation où l'on devait « bien se tenir » et ne pas parler fort, j'étais persuadée de transgresser quelque chose en lisant ces lignes. Le plus surprenant, pour moi, c'était qu'Isadora n'était pas modeste et ne s'excusait jamais.

Je suis actrice depuis 15 ans. J'ai toujours eu la chance de travailler, de passer du théâtre à la télévision, du web au cinéma.

Pendant quelques années, je me suis retrouvée à être une des trop peu nombreuses femmes à avoir de la visibilité sur le web au moment où la vidéo en ligne explosait.

On me demandait alors souvent d'intervenir dans des conférences ou de m'exprimer dans des masterclass pour donner de l'inspiration aux jeunes femmes, pour leur dire de se lancer, de ne pas avoir peur de le faire....

Mais je trouvais ça malhonnête. Comment pouvais-je les inciter à se mettre au premier plan, à s'exposer si je ne le faisais pas moi-même ?

Comment pouvais-je leur dire de prendre des risques, moi qui me planquais au sein de collectifs, passive dans mon métier d'actrice où l'on attend que le téléphone sonne, à la merci du désir des autres ?

En 2017, j'ai donc décidé de donner du poids et de la cohérence à mon discours en devenant leadeuse de mon propre projet ! J'ai voulu montrer ce que je ne voyais pas sur YouTube, ni dans mes cours d'histoire, ni dans mes livres de sciences, assez rarement dans la fiction et trop peu dans les médias... Des femmes ! La parole, les histoires et l'expérience de 53 % de l'humanité !

Et c'est ainsi que « Virago » est né. Des chroniques historiques, humoristiques et féministes sur des femmes aux parcours extraordinaires et dont on a peu – voire jamais – entendu parler.

Pour monter ce projet, il me fallait un allié, un double, et j'ai tout naturellement appelé mon ami, auteur et photographe de talent, Adrien Rebaudo. Ce n'est pas la co-écriture d'un homme que j'ai recherchée, mais la confiance dans le travail, l'œil attentif et l'exigence à toutes les étapes. Ensemble, nous avons tâtonné, appris, échoué, déconstruit... Il ne s'est pas découragé face aux montagnes de recherches, de fausses pistes, face à l'ampleur de ce que je lui proposais ou de ce que « Virago » imposait ; il était donc le partenaire stakhanoviste et co-auteur idéal.

« Virago » est aujourd'hui un terme extrêmement péjoratif qui désigne « une femme criarde aux allures masculines »... Or, dans sa définition originelle qui date du Ier siècle av. J.-C., il s'agit d'une femme forte, brave, courageuse. D'une héroïne, d'une guerrière. Et c'est cette définition que nous voulons rétablir. Nous avons eu envie de proposer des modèles féminins forts. Créer de l'identification !

Mettre en lumière des femmes qui ont transcendé leur condition, leur religion, leur époque, leur milieu social pour faire bouger les lignes.

Car je suis persuadée de deux choses. La première, c'est qu'une société qui n'est pas égalitaire ne peut pas fonctionner correctement. Et la seconde, c'est que de l'identification naît la vocation.

Si l'on dit aux petites filles qu'elles peuvent devenir neurochirurgiennes, astronautes, présidentes de la République, navigatrices ou que sais-je encore… c'est bien de pouvoir leur ouvrir la voie, en leur présentant des pionnières. Et que ces pionnières entrent dans notre inconscient collectif.

Si on nous avait enseigné dès notre plus jeune âge qu'une femme peut diriger une armée, sauver des vies, arrêter un conflit ou changer des lois, si on nous avait enseigné que le monde tel que nous le connaissons a aussi été fondé par des femmes, notre histoire et notre rapport au monde seraient complètement différents.

C'est avec envie, optimisme et curiosité que nous partageons dans ce livre, *V comme Virago*, qui sonne comme une révolution, ce dont nous nous sommes enrichi·e·s.

Si vous n'avez jamais entendu parler de la plupart des viragos qui composent ces quelque soixante-dix portraits, en plongeant dans ce livre, vous verrez ô combien cette Histoire-là éclaire notre actualité… !

Vous trouverez aussi quelques noms familiers, sans pour autant connaître l'ampleur de leurs actions et des combats menés.

En redonnant une place et une parole à ces femmes, ouvrons une brèche, désinhibons ce qu'un conditionnement systémique a voulu enfouir.

J'avais rangé cette lecture d'Isadora Duncan dans ma mémoire… et puis je suis devenue actrice, artiste, réalisatrice et maintenant autrice. J'ai arrêté de m'excuser, de me taire et de me tenir « à ma place ». La liberté, ça se conquiert, tout comme le statut de virago.

Voilà donc celles qui nous ont impressionné·e·s, ému·e·s et fait vibrer. Cette liste est non exhaustive et nous serions heureux, Adrien et moi, de continuer à la compléter avec vous.

N. B. : Certains portraits sont annotés en bas de page par un # et un numéro d'épisode ; vous les retrouverez sur la chaîne YouTube, afin d'explorer toujours plus, quel que soit le support.

Aude GG

Thérèse Clerc

1927-2016

Homosexualité • Avortement • Babayagas

Elle naît à Paris en 1927 dans une famille bourgeoise catholique et fréquente une école religieuse. À 20 ans Thérèse se marie, fait quatre enfants, va à l'église et mène une vie très « classique » qui ne la satisfait pas. C'est alors qu'elle découvre le militantisme au contact des prêtres ouvriers et du mouvement chrétien de gauche : « J'ai appris Marx et suis devenue une femme de gauche à l'église, ce qui est un tout petit peu rare. »

La position de l'Église sur la place des femmes l'en éloigne et Mai 1968, pendant lequel « les écluses de l'histoire s'ouvraient », est un électrochoc pour Thérèse. Elle divorce, découvre l'homosexualité, en fait un « acte politique en quittant les hommes jusque dans l'intime » et « renaît » à 42 ans.

Elle s'engage alors dans le Mouvement pour la liberté de l'avortement et de la contraception (MLAC) et milite pour la loi Veil (page 170) : « Mon corps n'est pas obligatoirement fait pour donner la vie, et biologie n'est pas destin. » Elle se fait connaître sous le surnom de « Thérèse de Montreuil » en pratiquant gratuitement des avortements clandestins dans son appartement. Thérèse vit un grand amour avec la féministe Gudrun Koch et milite au Front homosexuel d'action révolutionnaire. En 2000 elle fonde la « Maison des femmes de Montreuil », un espace d'échanges et de débats ouvert aux femmes de tous âges, victimes de violences, en insertion ou réinsertion, à qui l'on donne des conseils juridiques, des cours d'informatiques, des informations sur la santé ; elles font des sorties, accèdent à la culture... tout ceci dans le but de faire valoir leurs droits et leur autonomie.

Thérèse Clerc imagine aussi un projet unique : les « Babayagas » (du nom des sorcières mangeuses d'enfants des contes russes), une alternative aux maisons de retraite et à l'isolement du maintien à domicile. Il s'agit d'une résidence écologique et autogérée dont les occupantes sont réunies autour de projets communs. Elle veut promouvoir une vieillesse active, en bonne santé, pour échapper à « l'infantilisation des vieux ». La Maison des Babayagas voit le jour en 2013 ainsi que l'Unisavie, la première université populaire des savoirs sur la vieillesse.

Thérèse Clerc s'éteint paisiblement à l'âge de 88 ans. Une existence en modèle, le militantisme au cœur et la liberté en partage.

« Et alors quand on est toutes ensemble, je leur dis : "On a toutes un clito, c'est de ça qu'il faut se souvenir !" Alors il y en a qui rigolent d'abord un petit peu coincées en disant "elle exagère", et puis finalement, on rit comme des folles, et le rire, on dit que c'est le propre de l'homme ; mais je pense que c'est la libération des femmes. »

Grace Hopper

1906-1992

Mathématiques • Marine • Papillon de nuit

Grace Brewster Murray est née à New York en 1906. À 17 ans elle obtient un baccalauréat en mathématiques et physique dans le prestigieux Vassar College puis une maîtrise et un doctorat en mathématiques à l'université de Yale.

En 1930, elle épouse Vincent Foster Hopper, qui est professeur à l'université de New York.

Grace commence à enseigner les mathématiques et est même promue professeure agrégée en 1941. Deux ans plus tard, elle quitte son mari et son boulot pour rejoindre la Marine. Grace décroche son premier diplôme militaire en 1944 avant d'être assignée au projet de calcul (ancêtre de l'informatique) du Bureau of Ships à Harvard en tant que lieutenante, grade junior.

Grace est ensuite recrutée par la Eckert-Mauchly Computer Corporation et rejoint l'équipe de développement de l'ordinateur Univac I et devient une pionnière des codes mathématiques appliqués à l'informatique. Dès 1952, elle crée un compilateur parfaitement opérationnel mais personne ne la croit : « J'avais un compilateur en fonctionnement et personne n'y touchait. Ils m'ont dit que les ordinateurs ne pouvaient que faire de l'arithmétique. » Fin 1959, elle devient consultante technique au comité Codasyl, qui définit un nouveau langage informatique appelé Cobol.

Fin 1966, Grace, alors commandante, prend sa retraite de la Marine. Retraite de courte durée puisqu'elle est rappelée au service en août 1967 pour une période de six mois qui se transformera en une mission à durée indéterminée.

Un soir où elle travaille sur les composants d'un ordinateur, un papillon de nuit s'infiltre dans la machine, elle utilise alors le terme « *bug* » (insecte) pour évoquer les pannes informatiques inexpliquées.

À 79 ans, elle est la plus âgée des officier·ère·s en service actif dans la Marine américaine lorsqu'elle prend de nouveau sa retraite en 1986.

Grace espérait que sa biographie, *Grace Hopper, Navy Admiral and Computer Pioneer*, encouragerait les filles à faire carrière dans la Marine ou dans l'informatique.

Elle est inhumée au cimetière national d'Arlington en janvier 1992 avec tous les honneurs militaires. En raison de l'ampleur de ses réalisations et de son rang dans la Marine, elle est souvent surnommée « *Amazing Grace* ».

« Une mesure exacte vaut l'avis d'un millier d'experts. »

Jane Goodall

Née en 1934

Primatologue • Éthologue • Anthropologue

« Enfant, dans mes rêves, j'étais souvent un homme. Et je vivais des aventures. Sans doute parce que, à l'époque, je voulais faire des choses réservées aux hommes. Partir pour l'Afrique. Vivre avec les animaux. C'était mon rêve. »

Jane Goodall naît en 1934 à Londres et grandit au milieu de livres qui vont sceller son destin, notamment le fameux Tarzan qui, par un heureux hasard, partage sa vie avec une autre Jane.

À 23 ans, elle fait la connaissance du Dr Louis Leakey, primatologue et paléontologue, qui lui expose son projet d'observer les chimpanzés sauvages, dont le comportement social n'avait jusqu'alors fait l'objet d'aucune étude.

Elle travaille d'arrache-pied en tant que serveuse, le temps de réunir les fonds nécessaires et arrive en Tanzanie le 14 juillet 1960. Sans formation, sans diplôme, mais sans a priori, elle commence sa nouvelle vie. Pendant des mois, elle observe de loin la tribu de chimpanzés voisine, jusqu'à ce qu'ils s'habituent à sa présence. Puis, un jour, l'un d'entre eux viendra chercher une banane dans sa main... Petit à petit se crée un lien maternel entre l'observatrice et ses sujets d'étude. Elle commence à jouer avec eux, leur donne des noms, leur cherche des poux, comme si rien ne les différenciait. C'est de cette relation qu'est née une nouvelle façon d'étudier les primates. « Plus j'en apprenais sur eux, plus je voyais à quel point ils nous ressemblaient. » Elle remarque qu'ils pensent, ont des émotions, savent utiliser des outils pour se nourrir, ce qui semblait impensable à l'époque !

Convaincue des menaces que font peser les êtres humains sur les chimpanzés et leur habitat et des mauvais traitements qui leur sont infligés dans la recherche médicale, elle devient activiste. Elle fonde l'Institut Jane Goodall en 1977 et parcourt le monde pour poursuivre ses recherches. De la protection des animaux, sa mission s'étend à la lutte contre la déforestation et l'élevage intensif. Dans son livre *Nous sommes ce que nous mangeons*, elle nous invite à nous interroger sur l'industrie agroalimentaire et nos modes de consommation.

Depuis les années 1980, Jane se demande : « Comment peut-on sauver les chimpanzés quand les personnes luttent pour leur survie ? » et donne donc naissance à des programmes pour la jeunesse, l'éducation et le développement durable, car, comme elle le dit si bien, « tant que nous ne serons pas en paix et en harmonie avec l'environnement, nous ne vivrons jamais dans un monde de paix ».

« Notre arrogance nous pousse à considérer que l'Homme est unique.
Nous devons partager notre planète, dont nous sommes tous les enfants. »

Louise Michel

1830-1905

École libre • Commune • Anarchisme

Louise Michel naît en 1830 en Haute-Marne. À 20 ans, elle devient institutrice mais réfute l'enseignement imposé par l'Empereur et ouvre successivement plusieurs écoles libres à Audeloncourt, Millières puis Montmartre. Elle organise des sorties pédagogiques avec ses élèves, leur fait découvrir la nature et une vision libre du monde. Ses méthodes ne plaisent pas à tous les parents et elle est souvent convoquée chez le préfet. En s'opposant toujours farouchement à l'Empire, elle commence à fréquenter les meetings politiques.

À la proclamation de la Troisième République, Paris est assiégée par les Prussiens. Elle s'engage dans la révolte. La ville est à feu et à sang. La Commune est proclamée le 28 mars 1871. Ambulancière et soldate, elle fait partie du 61e bataillon de marche de Montmartre. Le 24 mai, elle se livre au Gouvernement qui menace d'exécuter sa mère et est incarcérée. « Je ne veux ni me défendre, ni être défendue ; j'appartiens à la Révolution sociale et j'accepte la responsabilité de mes actes ! » Elle est condamnée à la déportation à vie en Nouvelle-Calédonie. Les conditions de vie sont difficiles : manque d'hygiène et de nourriture… mais malgré tout, elle s'y plaît bien ! En 1875 elle est transférée dans la baie de l'Ouest où elle sympathise avec des tribus canaques à qui elle apprend à lire, écrire et qu'elle aidera lorsqu'elles s'insurgeront contre la présence française. C'est pendant son exil qu'elle se tourne vers l'anarchisme.

Après l'amnistie générale des condamné·e·s de la Commune, elle rentre en France et est accueillie triomphalement à la gare Saint-Lazare le 9 novembre 1880 par près de 10 000 personnes. Elle enchaîne alors une longue série de meetings où elle défend son combat pour la révolution sociale et prône ouvertement l'anarchisme. « Ce n'est pas une miette de pain, c'est la moisson du monde entier qu'il faut à la race humaine, sans exploiteur et sans exploité. »

En 1883, elle conduit une manifestation de chômeurs et chômeuses qui lui vaut d'être arrêtée et incarcérée à nouveau pour six ans. À sa sortie, elle alterne les meetings et les séjours en prison. Très médiatisée, elle ne se fait pas que des amis, à l'image de l'extrémiste Pierre Lucas qui lui tire deux balles dans la tête en 1888. L'attentat ne la tue pas mais, exaspérée par le manque de liberté sur le sol français, elle s'exile à Londres deux ans plus tard. Louise redevient institutrice, donne gratuitement des cours de français tout en continuant ses conférences jusqu'à sa mort à Marseille en 1905.

« Nous rêvons au bonheur universel, nous voulons l'humanité libre et fière, sans entrave, sans castes, sans frontières, sans religions, sans gouvernements, sans institutions. »

Joséphine Baker

1906-1975

Charleston • Renseignement • Droits civiques

Freda Joséphine McDonald naît en 1906, dans le Missouri. Métisse noire et amérindienne, elle est placée à l'âge de 8 ans au service d'une famille blanche. D'une nature joyeuse et expansive, elle se dirige très jeune vers le spectacle et atteint une vraie notoriété à 16 ans, en intégrant à New York le spectacle *Shuffle Along*, une comédie musicale à succès intégralement interprétée par des Noir·e·s. Multipliant pitreries, grimaces, et loucheries, Joséphine Baker se fait remarquer et impose un personnage à la fois comique et sexy. En 1925, à Paris, elle entre dans la légende avec la *Revue Nègre*. Vêtue d'une ceinture de bananes, code colonial qu'elle se réapproprie pour le tourner en dérision, elle danse frénétiquement sur un air de charleston. Elle est aussitôt « l'attraction » des cercles artistiques et intellectuels qui en font un fantasme colonialo-folklorique... elle qui vient de New York.

Après une tournée européenne, Joséphine devient la vedette des Folies-Bergère. Elle se lance également dans la chanson : *J'ai deux amours* est l'immense succès de l'année 1931. Mais ce que l'on sait moins, c'est qu'en 1939, à la déclaration de guerre, Joséphine est engagée comme agent de renseignement pour les services secrets. Usant de son charme et de son succès dans les soirées mondaines, elle prend tous les risques pour délivrer des informations confidentielles au gouvernement français. Réfugiée au Maroc durant l'Occupation, elle transmet des messages, parfois cachés dans des partitions musicales, pour le compte de la France Libre et de l'armée de l'air.

Après la guerre, elle épouse le chef d'orchestre Jo Bouillon, achète avec lui le domaine des Milandes en Dordogne, et adopte douze enfants. Elle crée une famille qu'elle appelle sa « tribu arc-en-ciel », multiculturelle et multiconfessionnelle en fondant l'utopie de montrer la fraternité possible entre tou·te·s. Elle se rend à plusieurs reprises aux États-Unis, où elle combat en faveur du mouvement des droits civiques. Elle, qui a souffert du racisme (l'empêchant jusqu'en 1973 de s'imposer en tant qu'artiste dans son pays natal) et de la ségrégation, ne manque aucune occasion de lutter contre les inégalités ou de défendre la communauté afro-américaine.

Le 12 avril 1975, au lendemain d'une représentation, elle s'endort pour une sieste dont elle ne se réveillera pas. Artiste courageuse, engagée et généreuse, elle sera la première femme noire à être honorée par des obsèques nationales.

« Eh oui ! Je danserai, chanterai, jouerai, toute ma vie, je suis née seulement pour cela. Vivre, c'est danser, j'aimerais mourir à bout de souffle, épuisée, à la fin d'une danse ou d'un refrain. »

Emmeline Pankhurst

1858-1928

Révolution française • Suffragettes • Bulletin de vote

En 1858, le Royaume-Uni voit naître Emmeline Goulden, figure de proue d'un changement politique majeur !

Dès l'âge de 14 ans, pendant ses études en France, elle forge son apprentissage politique et commence à s'intéresser aux enjeux de société. La lecture de *La Révolution française* de Thomas Carlyle la marque profondément. En rentrant en Angleterre, elle rencontre l'avocat Richard Pankhurst, qu'elle épouse et avec qui elle fait cinq enfants. Elle engage une nourrice afin d'être libre de s'impliquer activement dans la vie politique. Dès lors, elle s'investit dans l'accession des femmes au suffrage en devenant notamment membre de la section féminine du Parti libéral, avant de rallier le Parti travailliste indépendant.

En 1898, Richard meurt, laissant Emmeline dans une situation financière précaire mais sans que cela la freine dans son activisme.

Elle crée en 1903 la Women's Social and Political Union (WSPU), qui mène des actions pacifistes mais concrètes, visant l'obtention du droit de vote pour les femmes. Mais le 12 mai 1905 marque un tournant pour l'association… Alors qu'un projet de loi sur le sujet est rejeté, Emmeline et ses comilitantes, dont ses filles, manifestent devant le Parlement. Les journaux leur donnent spontanément le nom de « suffragettes » pour se moquer d'elles. Elles détruisent alors des biens publics pour revendiquer leurs droits et sont emprisonnées. (Emmeline ira trois fois en prison au nom de ses convictions !)

Si l'arrivée de la Première Guerre mondiale change les priorités, Emmeline Pankhurst n'a jamais cessé de se battre pour l'égalité des sexes. Elle voulait que les femmes aident leur pays en travaillant dans les usines de munitions. Contactée par le Premier ministre pour en parler en public, elle s'allie au parti conservateur en échange de son appui pour l'accession des femmes aux urnes.

Emmeline commence à être considérée comme une alliée du Gouvernement et, en 1918, après la guerre, les femmes de plus de 30 ans obtiennent effectivement le droit de vote.

Elle meurt en 1928, un mois avant que ce droit ne soit accordé à toutes, dès leur majorité. Le rôle d'Emmeline Pankhurst dans cette quête a été unanimement reconnu et le mouvement des suffragettes anglaises a incité les femmes d'autres pays à se soulever pour obtenir le droit de vote.

Emmeline a ouvert la voie aux femmes pour que leurs voix comptent.

« Nous sommes ici, non pour enfreindre la loi, mais pour obtenir le droit de l'écrire. »

Impertinentes !

Emily Davison : la désobéissance civile en conviction

Membre de l'organisation militante Women's Social and Political Union (WSPU) fondée par Emmeline Pankhurst, elle est rendue célèbre par ses actions souvents radicales en faveur du droit de vote des femmes... comme vous allez pouvoir en juger dans ces lignes.

Emily Davison milite à partir de 1906 en pratiquant la désobéissance civile et est emprisonnée à plusieurs reprises.

Le 4 juin 1913, pour attirer l'attention sur la lutte des suffragettes et provoquer un retentissement médiatique, elle entre sur la piste en pleine course lors du derby d'Epsom. Son but est de stopper le cheval du roi, et d'accrocher à la selle un drapeau de la WSPU... Le cheval, lancé au grand galop, ne s'est bien entendu pas arrêté. Elle est violemment piétinée et meurt des suites de ses blessures. La vidéo de ce tragique événement est facilement trouvable. Âmes sensibles, s'abstenir !

Alors ? Radicale ou pas ?

Frida Kahlo

1907-1954

Handicap • Peinture • Émancipation

C'est en 1907 dans la banlieue de Mexico que naît Carmen Frida Kahlo Calderon. À l'âge de 6 ans, elle est atteinte d'une poliomyélite, maladie qui la contraint à rester alitée durant neuf mois. Sa jambe et son pied droit resteront atrophiés et douloureux, ce qui lui vaut de nombreuses railleries à l'école où elle est surnommée « Frida jambe de bois » ou « Frida l'estropiée »...

À l'âge de 18 ans, le bus dans lequel elle se trouve entre en collision avec un tramway. Le choc la projette en avant et une barre d'appui la transperce « comme l'épée traverse un taureau », dira-t-elle. Multiples fractures de la colonne vertébrale, des côtes, du bassin, du col du fémur, de la jambe droite ; son pied droit est écrasé et la barre d'appui... lui perfore le vagin. Suite à cet accident, elle commence à peindre... par ennui.

Elle est souvent allongée, un chevalet posé sur elle et un grand miroir placé au pied de son lit, de sorte que, dans sa solitude, elle puisse se voir et se servir de modèle. Enchaînée par ses souffrances physiques et psychiques, sa façon de résister sera de produire plus de deux cents toiles au cours de sa vie. En 1929, elle épouse le célèbre peintre Diego Rivera et, ensemble, elle et lui partagent tout : l'amour de la peinture, la gloire, les engagements politiques et les infidélités. Marié, divorcé, puis marié à nouveau, le couple se déchire.

Par son esprit bien plus libre et fort que son corps ne le laisse penser, et par son talent, elle se fait connaître de son vivant et devient une véritable icône.

Dans sa peinture, Frida Kahlo traite de sujets tabous comme la sexualité, l'avortement, la fécondité... Elle défend l'émancipation des femmes mexicaines, qu'elle décrit comme « une masse silencieuse et soumise ». Elle affiche ouvertement sa liberté de femme moderne, assume sa bisexualité, une apparence et un mode de vie en dehors des codes. Elle baigne dans une atmosphère de colère, d'espoir et d'activisme... Mais coincée entre une jambe douloureuse et un mari tout aussi bancal, Frida boit pour noyer sa peine même si, comme elle le dit elle-même à propos de sa mélancolie, « cette garce a appris à nager ». En 1953, la gangrène oblige les médecins à lui amputer la jambe.

Sur son dernier tableau, elle inscrit trois mots en lettres capitales couleur rouge sang : « Viva la vida. » Atteinte d'une pneumonie, elle meurt en 1954, quelques jours après son quarante-septième anniversaire.

Son œuvre engagée restera à jamais dans l'Histoire, et son histoire inscrite dans son œuvre car, pour créer son propre paradis, elle aura « puisé dans son enfer personnel ».

Virago #14

« J'ignore si mes tableaux sont surréalistes ou pas,
mais je sais qu'ils sont l'expression la plus franche de moi-même. »

Alexandra David-Néel

1868-1969

Bouddhisme • Chant lyrique • Dalaï-lama

La vie bouillonnante d'Alexandra David-Néel est aussi riche que sa raison d'être : explorer le monde. Elle naît en 1868 à Saint-Mandé et son goût pour l'aventure lui fait faire une première fugue à l'âge 2 ans !

Passionnée par les mystères du monde comme par celui des êtres, elle s'initie aux philosophies orientales et au sanskrit, fréquente la franc-maçonnerie et suit des cours à la Sorbonne et au Collège de France en auditrice libre, notamment sur le bouddhisme, auquel elle se convertit. Elle devient alors journaliste et commence à publier des articles sur cette religion qu'elle fait découvrir à un large public. Elle collabore aussi au journal *La Fronde* (page 40) en tant que militante féministe notamment pour dénoncer la condition des femmes et promouvoir leur indépendance financière. Parallèlement, elle entame une carrière de chanteuse lyrique et connaît un grand succès à travers l'Europe et l'Orient. En 1904, elle épouse Philippe Néel de Saint-Sauveur, mais il comprend rapidement qu'elle n'est pas faite pour rester à la maison, et accepte qu'elle parte pour un voyage initiatique en Inde qui doit durer dix-huit mois. Il durera quatorze ans.

Après l'Inde, elle parcourt le Népal, le Sikkim où elle rencontre le dalaï-lama, ce qui est à l'époque tout à fait exceptionnel pour une femme européenne. Elle partage la vie de chaque peuple qu'elle rencontre et livre les récits de ses voyages dans des articles, revues et romans. Son périple se poursuit à travers l'Asie, le Japon et la Chine – qu'elle traverse pendant les guerres civiles – puis la Mongolie, avant d'arriver au Tibet. Après des mois dans la neige et le froid, elle arrive déguisée en mendiante, à Lhassa, berceau du bouddhisme, alors interdit aux étrangers.

Cet exploit fait la une des journaux à travers le monde et ce tourbillon médiatique la fait revenir en Occident pour des tournées de conférences.

En 1928, elle achète une petite maison à Digne qu'elle transformera en un temple de méditation. Mais si vous ne l'imaginez pas rester dans le sud de la France en attendant la mort... elle non plus ! À 69 ans, elle repart pour quelques mois en Chine... et y reste neuf ans. En 1946, Alexandra revient en France et c'est la fin de ses grands voyages. Elle occupe sa vie entre recherches, écriture et conférences. À 100 ans, tout de même, elle demande le renouvellement de son passeport pour assouvir un projet fou : faire le tour du monde en 4 CV. Mais elle part à 101 ans pour son dernier voyage le long du Gange où ses cendres sont dispersées.

« Je me revois enfant à Saint-Mandé, jeune fille à Bruxelles, je me vois au Tonkin, dans l'Inde, en Tunisie, je conférencie *[sic]* à la Sorbonne, je suis artiste, journaliste, écrivain, des images de coulisses, de salles de rédaction, de bateaux, de chemins de fer, se déroulent comme un film [...]. Il y a ni "moi" ni "autres", il n'y a qu'un rêve éternel qui se poursuit. »

Bertha von Suttner

1843-1914

Autriche • Prix Nobel • Pacifisme

Bertha Sophia Felicitas, comtesse Kinský von Wchinitz und Tettau, naît en 1843 dans une famille noble autrichienne. Son père meurt avant sa naissance et elle est élevée par sa mère. Elle voyage beaucoup, s'intéresse à la musique, apprend l'allemand, l'anglais, le français et l'espagnol. Pendant ce temps, sa mère dilapide la fortune familiale au jeu, tant et si bien qu'à 29 ans, Bertha quitte le foyer endetté et devient gouvernante chez le baron Karl von Suttner, industriel à Vienne. Elle est engagée pour éduquer ses quatre filles aux langues et à la musique. Mais le baron avait également trois garçons dont le jeune et charmant Arthur Gundaccar von Suttner. Contre l'avis de la famille, une idylle naît, et Bertha est renvoyée. Elle devient pendant un court laps de temps la secrétaire privée d'Alfred Nobel, mais leurs liens d'amitié seront indéfectibles.

Bertha et Arthur se marient en 1876. Arthur est déshérité et le couple part s'installer en Géorgie où il vit de traductions et de quelques romans publiés. Un an plus tard, la guerre éclate entre la Russie et la Turquie, et c'est alors que Bertha commence à penser sérieusement à la notion de « paix ». « Les gens ont pris l'habitude de considérer la guerre comme un phénomène naturel et donc de la classer dans la même catégorie qu'un tremblement de terre ou une inondation pour ne pas devoir trop y réfléchir. » Portée par ses idées, elle enchaîne les conférences et publie plusieurs essais et romans dont le très célèbre *Bas les armes !* traduit en seize langues et adapté au cinéma.

Selon elle : « L'histoire de l'humanité n'est pas déterminée par les rois et les hommes d'État, par les guerres et les traités qui mettent en œuvre l'ambition de l'un et la ruse des autres, mais bien par le développement progressif de l'intelligence. »

Bas les armes ! est rapidement considéré comme un chef-d'œuvre littéraire et une référence pour les pacifistes. À travers son engagement et ses écrits, Bertha inspire à Alfred la création du prix Nobel de la paix, dont elle fut la première femme récipiendaire en 1905.

Bertha participe à des congrès sur la paix à travers le monde et plaide pour la création d'un tribunal d'arbitrage international afin de régler les conflits sans guerre. Elle s'emploie à convaincre les chefs d'État comme l'opinion publique. Bertha meurt en juin 1914, quelques semaines seulement avant le début de la Première Guerre mondiale dont elle avait prédit l'arrivée.

Virago #18

« L'une des vérités éternelles est que le bonheur est créé et développé en paix. »

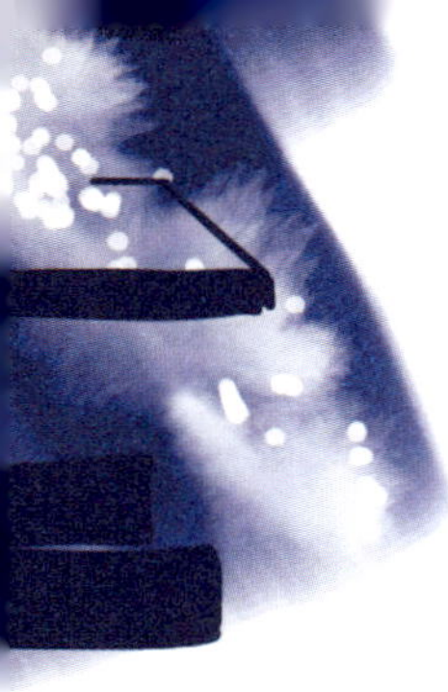

Rosalind Franklin

1920-1958

Rayons X • ADN • Spoliation

Née en 1920 dans une famille bourgeoise londonienne, Rosalind Franklin est une élève brillante qui réalise un parcours exemplaire tout au long de sa scolarité. À 11 ans, elle intègre un des seuls établissements de Londres où la physique et la chimie sont enseignées aux jeunes filles. Elle excelle en sciences mais aussi en latin et en français.

Pendant la première moitié du XXe siècle, alors que la famille de Rosalind accueille de jeunes réfugié·e·s juifs et juives fuyant l'Allemagne et l'Europe de l'Est, son père la contraint de céder sa bourse universitaire à un réfugié, ce qui ne l'empêche pourtant pas d'intégrer l'université de Cambridge dont elle sort doctorante en 1945 pour ses travaux sur la porosité du charbon. Travaux qui serviront à la production de carburants et de masques à gaz. Ça tombe bien, c'est la guerre...

En 1947, elle entre au Laboratoire central des services chimiques de l'État, à Paris, où elle se forme à la cristallographie aux rayons X. Trois ans plus tard, elle rentre au King's College, à Londres, où elle est affectée au département de biophysique.

Forte de son expérience, elle se met à étudier l'ADN. Elle intègre l'équipe de Maurice Wilkins – retenez bien ce nom, c'est important pour la suite ! – et Raymond Gosling. Elle s'associe à ce dernier et, ensemble, les deux scientifiques découvrent les deux conformations de la molécule d'ADN, que Rosalind nomme A et B. Elle et lui réalisent également les premières photographies de l'ADN par diffractométrie aux rayons X qui permettent de découvrir sa fameuse structure en double hélice. C'est en 1953 que Rosalind arrive au terme de ses recherches et commence à les décrire dans des articles scientifiques.

Mais sa santé se dégrade en raison d'un cancer des ovaires, et elle s'éteint en avril 1958 à Londres, à seulement 37 ans. Cependant, l'histoire ne s'arrête pas là.

En 1962, le prix Nobel de médecine est attribué à trois hommes : James Watson, Francis Crick et Maurice Wilkins (Ah !) pour la découverte de la structure en double hélice de l'ADN. Découverte que l'on doit pourtant bien... à Rosalind Franklin ! Ses anciens collègues obtiennent donc la récompense suprême en « oubliant » de la citer, malgré l'importance du rôle qu'elle a joué dans cette découverte. Depuis, de nombreux chercheurs ont rendu à Rosalind la place qu'elle mérite sans pour autant la récompenser à titre posthume. Mais finalement, pour une biologiste moléculaire, une médaille n'est rien de plus qu'un amas de matière compressée et polie... Non ?

Tiens donc !

La biologiste a subi ce qu'on appelle « l'effet Matilda » [voir aussi Nettie Stevens, p. 64], un phénomène qui veut que les femmes de science ne bénéficient pas ou peu des retombées de leurs découvertes, surtout lorsque des hommes font partie de l'équipe.

« La science n'était pas enseignée de la même façon aux filles et aux garçons. On demandait aux filles d'être ordonnées, minutieuses et capables de reproduire des expériences plutôt que de faire preuves d'enthousiasme et d'inventivité. »

Ambitieuses !

Matilda Joslyn Gage et l'effet Matilda : nommer l'injustice !

Militante féministe, Matilda Joslyn Gage remarque au XIXe siècle que certains hommes ont tendance à s'approprier la pensée intellectuelle des femmes...

Et c'est en référence à cette dernière que, en 1993, l'historienne des sciences Margaret Rossiter donnera son nom à ce constat : les femmes scientifiques reçoivent moins de prix, de crédit ou de reconnaissance que le sexe opposé. C'est ce que l'on appelle l'effet Matilda.

Minimisée quand elle n'est pas tout simplement niée, leur contribution est attribuée ou sacrifiée au profit de celle des hommes. Elle s'appuie notamment sur les premières recherches menées par le sociologue Robert King Merton dans les années 60 qui a élaboré une théorie sur la façon inéquitable dont la gloire est partagée et que lui nomme « l'effet Matthieu », en référence à un verset de l'Évangile selon saint Matthieu : « Car on donnera à celui qui a, et il sera dans l'abondance, mais à celui qui n'a pas on ôtera même ce qu'il a. »

Spoiler : Vous retrouverez un paquet d'effets Matilda dans ce livre !

Marguerite Durand

1864-1936

Comédie-Française • Courrier des lecteurs • La Fronde

Marguerite Durand est née en 1864 à Paris. Après une éducation au couvent et un premier prix de comédie au Conservatoire national, elle intègre la Comédie-Française en 1881. Elle y rencontre un vif succès et commence une vie mondaine. À 22 ans, elle tombe amoureuse d'un avocat aux idées socialistes révolutionnaires. Elle démissionne alors du Français, et s'engage dans des actions sociales en faveur des plus démuni·e·s.

Surfant sur sa notoriété et ses engagements, elle entre au *Figaro*, où elle crée la rubrique « Courrier » et répond à toutes les questions des lecteur·rice·s.

En 1896, on demande à Marguerite d'aller au Congrès féministe international pour « faire un reportage d'ambiance un peu railleur ». Elle qui ne connaît rien de la cause féministe va adorer ce congrès et ces femmes brillantes, éloquentes, qui ont de belles idées sur l'éducation et la politique.

Au même moment éclate une polémique : le préfet de Police de Paris déclare au sujet des femmes cyclistes qu'« il faut leur refuser le port du pantalon ». Elles perdraient sinon « tout attrait sexuel auprès des hommes ». Pour Marguerite, c'en est trop ! Chacune a le droit de s'habiller comme elle l'entend.

Elle déclare : « Les libres penseurs, dont je fais partie, doivent avoir pour premier principe de laisser les autres penser librement. » Elle propose alors à ses amies de « créer un journal, un vrai quotidien, avec toutes les rubriques politiques, culturelles, internationales. Un quotidien de tendance féministe comme tel journal tend à gauche et tel autre tend à droite ». Et elle insiste pour que ce journal soit exclusivement fait par des femmes car, s'il y avait ne serait-ce qu'un seul homme, « il se trouverait toujours des gens pour dire que c'est lui qui fait le travail ».

Elle quitte le *Figaro* en 1897 et sort le premier numéro de *La Fronde*, un quotidien qui « lance des pierres à ceux qui exploitent et qui oppriment, à ceux qui entretiennent cette absurdité que seule la moitié mâle de l'humanité est digne d'évoluer intellectuellement et socialement ». En 1931, elle lègue à la ville de Paris toute sa documentation sur l'histoire des femmes, qui permettra la création de l'Office de documentation féministe français. Et, en 1932, la bibliothèque Marguerite-Durand voit le jour, quatre ans avant que Marguerite Durand ne puisse plus le voir.

Virago #7

« L'accès des femmes au journalisme moderne est l'une des conquêtes dont le féminisme est justement fier et dont le mérite ne peut lui être contesté. »

Maria Sibylla Merian

1647-1717

Art • Science • Chenilles

Pour une fois, laissons la virago se présenter en ses propres termes en 1705 : « Je me suis dans ma jeunesse employée à la recherche des insectes et de vers à soie dans ma ville natale de Francfort-sur-le-Main. J'ai ensuite établi qu'à partir des autres chenilles se développaient beaucoup de beaux papillons de nuit ou papillons de jour. Cela m'entraîna à recueillir toutes les chenilles que je pouvais trouver pour observer leur transformation. »

C'est mignon les chenilles... mais au XVIIe siècle elles sont considérées comme des parasites et sont surnommées les « bêtes du diable ». Alors, qu'est-ce qui pousse Maria à les observer d'aussi près ? Dès son plus jeune âge, elle développe un intérêt pour le dessin, la peinture et la gravure. Subjuguée par la nature qui l'entoure, elle représente des motifs floraux qui sont agrémentés de chenilles, de papillons et d'autres petits animaux afin de rendre ses œuvres plus vivantes.

À partir de ses observations, elle dessine des représentations détaillées de la métamorphose des chenilles et papillons européens et reproduit même les plantes sur lesquelles sont déposés les œufs. Après cinq années de notes, ses études entomologiques sont publiées dans une série de trois volumes, *La Chenille, merveilleuse transformation et étrange nourriture florale.*

À une époque où les femmes sont exclues des domaines scientifiques, Maria Sibylla Merian est un cas unique ! Elle part alors pour le Suriname à la recherche de spécimens d'insectes exotiques vivants, dont on ne sait absolument rien ! Elle s'aventure à coups de machette dans la jungle par des chemins improvisés. Elle documente diverses espèces en étudiant leur milieu, leurs stades de métamorphose, leurs couleurs, leur nourriture, leurs parasites et leurs prédateurs.

Après vingt et un mois d'exploration, éprouvée par le climat tropical et atteinte du paludisme, elle rentre en Europe. Ses multiples observations, sa collection composée d'une incroyable variété de plantes, d'insectes, d'animaux exotiques et ses notes et croquis ont fait de cette aventure risquée un succès scientifique sans précédent !

Ses illustrations se distinguent encore aujourd'hui par leur finesse et leurs couleurs. L'immense valeur artistique et la qualité de son travail deviennent LA nouvelle référence en matière d'illustration dans les études scientifiques. Ses dessins sont toujours considérés comme des chefs-d'œuvre et prisés par un grand nombre de collectionneuses ou collectionneurs.

« L'art et la nature doivent toujours lutter jusqu'à se conquérir mutuellement. »

Ellen MacArthur

Née en 1976

Voilier • Route du Rhum • Économie circulaire

Ellen MacArthur est née en 1976 au Royaume-Uni. À 4 ans, on l'emmène faire une balade en voilier et c'est là qu'elle décide qu'un jour ou l'autre, elle naviguera autour du monde. Dès l'âge de 10 ans, elle va économiser chaque jour l'argent que ses parents lui donnent pour déjeuner à la cantine jusqu'à pouvoir s'acheter un petit canot ! Elle quitte l'école à 17 ans pour l'apprentissage de la voile, dépassant les préjugés sur son mètre cinquante-sept, qui ne correspond pas au « physique pour naviguer ».

En 1998, elle est la seule femme engagée et la plus jeune concurrente pour une traversée de l'Atlantique. Puis elle enchaîne les compétitions jusqu'au Vendée Globe dont elle finira deuxième, à 24 ans. Elle remporte aussi coup sur coup la Transatlantique et la Route du Rhum en 2002. L'année suivante elle fonde la Ellen MacArthur Cancer Trust, une association qui a pour but de faire naviguer des jeunes atteint·e·s de cancer.

En 2004, elle se lance dans un tour du monde en solitaire et devient alors la personne la plus rapide au monde à le parcourir en 71 jours, 14 heures, 18 minutes et 33 secondes. À 34 ans, elle annonce la fin de sa carrière sportive qui l'aura vue participer aux plus grandes compétitions, battre de nombreux records et être l'une des navigatrices les plus populaires.

Forte de sa grande expérience, elle fonde sa reconversion sur deux constats :
→ une sortie en mer oblige à tout optimiser – nourriture, électronique, eau – et à faire en sorte d'avoir de quoi vivre sans embarquer le kilo de trop.
→ quand, seule au milieu de l'océan, elle se retrouve face aux déchets plastiques des humains, elle en déduit qu'il y a un problème avec notre économie linéaire (produire, consommer, jeter).

Voilà son nouveau défi ! En 2010, elle lance la Fondation Ellen MacArthur, dans le but d'accélérer la transition vers une économie circulaire régénératrice. L'idée est simple : produire, consommer et renvoyer au producteur pour qu'il puisse produire à nouveau en récupérant les matières premières (au lieu de continuer à les acheter à l'autre bout du monde). Avec l'économie circulaire, tout le monde est gagnant.

Ellen nous prouve que ce ne sont pas les idées qui manquent pour changer notre consommation, faire des économies et des progrès pour l'écologie. Chacun·e a le pouvoir d'inverser la tendance en obligeant les industriels à produire moins ou à produire mieux.

Virago #22

« Les clés de mon succès ? La détermination. […] Il y a un certain nombre de choses auxquelles j'étais très attachée, comme de faire le tour du monde. J'ai tout fait pour que cela arrive. »

Rachel Carson

1907-1964

Biodiversité • Lobbies • Cancer

Rachel Carson naît en 1907 en Pennsylvanie. Son enfance dans la ferme familiale lui offre un décor bordé de champs, d'étangs et de forêts. Passionnée de lecture, Rachel montre rapidement ses aptitudes ; sa première nouvelle est publiée alors qu'elle n'a que 10 ans. Elle étudie ensuite la biologie, la zoologie et la génétique, mais à la mort de son père, elle doit renoncer à son doctorat et devient enseignante.

Parallèlement, elle collabore avec le Bureau des pêches en tant que biologiste et rédige de nombreux textes destinés à des émissions de radio éducatives. La série est un succès et les textes seront publiés en 1941 sous le titre *Romance Under the Waters* (« Poésie sous les eaux »).

Ses ouvrages successifs sur le thème des océans conduisent Rachel à s'inquiéter de l'utilisation intensive de pesticides synthétiques, notamment le DDT (dichlorodiphényltrichloroéthane), un insecticide très (et trop) répandu. Après des années de recherches sur le sujet et malgré le cancer qui la ronge, elle en fait un livre publié en 1962 : *Silent Spring* (« Printemps silencieux »). Avant même la sortie du livre, les compagnies qui vendent ce produit, telles que Monsanto, déclenchent une importante campagne d'intimidation et de dénigrement à son encontre. La crédibilité scientifique comme l'intégrité intellectuelle de Rachel sont attaquées. Tour à tour, les accusations mettent l'accent sur sa prétendue homosexualité ou son appartenance au KGB en tant qu'espionne communiste. On la trouve « hystérique » avec un « attachement mystique à l'équilibre de la nature » !

Heureusement, cette campagne est un fiasco, l'opinion publique se range du côté de *Silent Spring* qui connaît un grand succès dès sa parution. Elle y démontre « la possibilité d'extinction de l'humanité par la contamination de l'environnement global de l'homme par des substances au potentiel de destruction incroyable », « des manipulations ingénieuses qui ont produit une batterie de poisons d'une puissance extraordinaire ». Ce livre influence considérablement les décisions en matière de protection de l'environnement, avec l'interdiction nationale du DDT, et est aussi à l'origine de la création de l'Environmental Protection Agency.

Rachel Carson fut la première à dénoncer les conséquences des industries criminelles qui empoisonnent le monde. Elle n'a pas fléchi face aux accusations des lobbies et finira par succomber à son cancer généralisé en 1964, à l'âge de 56 ans.

« La race humaine est plus que jamais mise au défi de démontrer notre maîtrise, non pas sur la nature, mais sur nous-mêmes. »

Lady Diana

1961-1997

Famille royale • Engagement • Tabou

Diana Frances Spencer naît en 1961 dans le Norfolk, en Angleterre. Ses parents louent une maison sur un domaine appartenant à la reine Elizabeth II et, à ce titre, elle joue souvent avec ses fils cadets... Elle devient Lady Diana Spencer en 1975 lorsque son père hérite du comté. Après ses études, elle est assistante maternelle à l'école Young England de Pimlico.

En 1980, elle retrouve ses anciens amis de la famille royale, et notamment Charles, qu'elle épouse un an plus tard à la cathédrale Saint-Paul. La cérémonie est retransmise à la télévision et suivie par plusieurs centaines de millions de spectateur·rice·s dans le monde. Sa beauté et son attitude timide font sensation auprès des médias et le public l'adopte quasi instantanément. De cette union naît... une dépression, qui grandira en même temps que ses deux garçons, le prince William et le prince Harry. « Lady Di » met cependant son statut royal au service d'un engagement sans faille envers de nombreuses causes caritatives.

En Afrique, elle soutient l'association La Chaîne de l'espoir, qui a pour objectif d'offrir aux enfants défavorisé·e·s un accès aux soins médicaux et chirurgicaux.

Diana rend également visite aux victimes et aux rescapé·e·s des mines antipersonnelles d'Angola et de Bosnie, avec la Croix-Rouge. Son engagement influencera la signature du traité d'Ottawa : la Convention sur l'interdiction des mines antipersonnelles, signée par 122 pays en 1997.

Pour s'assurer que William et Harry puissent « rester proches des gens, comprendre leurs insécurités, leurs détresses, leurs espoirs et leurs rêves », Diana les emmène avec elle dans des hôpitaux, des refuges pour sans-abri et des orphelinats.

En 1987, elle est la première personnalité publique photographiée en train de serrer la main d'une personne atteinte du VIH. Ce geste extrêmement fort, inimaginable pour l'époque, a changé le regard porté sur cette maladie alors méconnue. La princesse a levé un tabou et aidé à lutter contre l'isolement des malades.

Malgré ses problèmes de couple et son divorce en 1996, elle poursuit ses actions humanitaires sans relâche. La perte de son titre d'altesse royale n'entrave pas sa notoriété auprès du grand public. Poursuivie par des paparazzis, Diana est tuée avec son compagnon et leur chauffeur dans un accident de voiture sous le pont de l'Alma, à Paris, en 1997.

Nonobstant les ragots de magazines à scandale, retenons de « la princesse du peuple » qu'elle a surtout marqué les cœurs par son engagement, sa simplicité et sa générosité.

« Je ne suis pas une figure politique. Le fait est que
je suis une figure humanitaire et que je le serai toujours. »

Impertinentes !

Eartha Kitt : boycottée pour avoir exprimé son opinion

En 1968, Eartha Kitt est une très célèbre chanteuse et actrice américaine. C'est pour cette raison que, le 18 janvier, elle est invitée à la Maison-Blanche par la première dame, Lady Bird Johnson, pour un déjeuner sur le thème : « Que peuvent faire les citoyen·ne·s pour aider à assurer la sécurité dans les rues ? »

En prenant la parole devant tout le monde, elle dira : « Vous envoyez ce que le pays a de meilleur se faire fusiller et mutiler. Ils se rebellent dans la rue. Ils vont se défoncer à la drogue. Ils ne veulent pas aller à l'école parce qu'ils vont être arrachés à leurs mères pour être abattus au Vietnam. »

Après le déjeuner, aucune voiture ne l'attend pour la raccompagner chez elle... Rapidement, elle reçoit des menaces de la CIA et se fait blacklister aux États-Unis. Il lui sera impossible d'y continuer sa carrière. Elle n'est plus invitée à la télévision, les radios la boycottent et elle est obligée de s'exiler en Europe pendant dix ans.

Vu le prix payé pour avoir exprimé son opinion contre la guerre du Vietnam, ça fait cher l'invitation !

Virago #5

Maud Wagner

1877-1961

Trapèze • Amour • Tatouage

Maud Stevens naît en 1877. Circassienne trapéziste et contorsionniste, elle est surtout connue comme la première femme tatoueuse des États-Unis.

En 1904, à la foire internationale de Saint-Louis, elle rencontre Gus Wagner, un type incroyable qui a appris à tatouer dans les tribus de Java et de Bornéo et qui porte lui-même 264 tatouages ! Gus est alors réputé pour son refus de la modernité et son art de tatouer manuellement. Il tombe sous le charme de Maud, mais comme il est d'un naturel timide, son seul moyen d'obtenir un tête-à-tête est de lui proposer de la tatouer gratuitement. Maud accepte et, pour prolonger le plaisir, lui demande à son tour de lui apprendre à tatouer... D'encre en aiguilles, elle et lui se marient et ont une fille, Lotteva.

À l'époque, les tatouages avaient franchement mauvaise réputation, ils étaient alors réservés aux « filles de mauvais genre », aux marins et aux taulards. Maud commence à tatouer, et c'est sur sa propre peau qu'elle s'exerce... heureusement, elle est très douée ! Assumant pleinement ses choix, Maud se produit sur scène, exhibant fièrement ses tatouages. Le support de son œuvre : c'est elle ! Elle se couvre alors de serpents, papillons, lions, chevaux, arbres, et aussi de symboles patriotiques...

Tournées de circassienne obligent, elle commence avec son mari une activité de tatoueuse itinérante. Sa carrière peine à démarrer car les gens refusent de se faire tatouer par une femme... Alors, sur les tracts publicitaires, au lieu de Maud Stevens Wagner, elle inscrit simplement « M. Wagner », pour faire venir du monde... Mais la plupart des clients tournent les talons dès qu'ils la voient. Et pas par peur des aiguilles ! À force d'acharnement, de travail, et grâce à son talent, elle réussit à se faire une place dans le milieu masculin du tatouage, faisant de son propre corps sa meilleure carte de visite.

Maud Wagner n'a pas simplement été la première femme tatoueuse de l'Histoire, elle a aussi donné un nouveau souffle à cette pratique ! En dépassant le cliché de l'ancre de marin tatouée sur le bras des matelots pleins de bière, elle a élevé son esthétique au rang d'art et en a fait un acte féministe par cette revendication simple : la liberté à disposer de son propre corps.

À la mort de Gus, Maud continue de tatouer en duo, avec sa fille ! Quand on a ça dans la peau...

« Elle portait des tatouages patriotiques, des tatouages de singes, de papillons, de lions, de chevaux, de serpents, d'arbres, de femmes et portait son propre nom tatoué sur son bras gauche. » Margo DeMello.

Nellie Bly

1864-1922

Tréfilerie • Asile • Investigation

Elizabeth Jane Cochrane est née en 1864 en Pennsylvanie. Orpheline, elle est destinée à devenir gouvernante, mais intrépide et pourvue d'un talent littéraire, un autre destin s'offre à elle. À 16 ans, indignée par un article misogyne titré « À quoi servent les jeunes filles ? », elle adresse au journal *Pittsburgh Dispatch* une lettre virulente et lance un défi au rédacteur en chef : si elle lui propose un papier qu'il jugera excellent, il devra l'engager. Et c'est ce qui arrive ! Mais elle refuse de se cantonner aux sujets dits « féminins » et propose un article sur un sujet polémique, le divorce, qui fait immédiatement son succès.

Elle écrit alors sous le pseudonyme de Nellie Bly, emprunté à une chanson populaire. Nellie consacre ses premiers reportages aux situations très difficiles des ouvrières de Pittsburgh. Elle se fait alors embaucher dans une tréfilerie (fabrique de fils de fer) pour dénoncer les conditions de travail des employé·e·s. Cet article fait d'elle la première journaliste d'investigation.

En 1887, Joseph Pulitzer lui lance à son tour un défi. Le directeur du *New York World* l'engagera si elle réussit à s'infiltrer dans un asile d'aliénées pour y faire un reportage. Nellie Bly simule la folie et se fait interner. Elle révèle avec précision les conditions et traitements inhumains infligés aux patientes. Suite à la parution de l'article, la ville de New York change la gestion de ses hôpitaux psychiatriques.

Forte de ses reportages à succès et cherchant à se renouveler, Nellie émet alors l'idée de battre le record de Phileas Fogg, héros du *Tour du monde en quatre-vingts jours* de Jules Verne. Le *New York World* refuse d'abord de la soutenir, prétextant qu'une femme est incapable d'accomplir un tel exploit, avant d'accéder à sa demande, face à sa détermination.

Le 14 novembre 1889, Nellie Bly prend le départ à Jersey City. Passant par la France, elle en profite pour faire un détour par Amiens afin d'y rencontrer Jules Verne !

Le 25 janvier 1890, après un périple solitaire de 40 070 km bouclé en 72 jours, 6 heures, 11 minutes et 14 secondes, Jules Verne écrit : « Jamais douté du succès de Nellie Bly, son intrépidité le laissait prévoir. Hourra ! Pour elle et pour le directeur du *World* ! Hourra ! Hourra ! »

Nellie, que rien n'arrête, passera le reste de sa vie à suivre les combats pour la défense des droits des femmes, des enfants défavorisé·e·s et des travailleur·euse·s, mettant toujours le journalisme et l'investigation au service de l'authenticité.

« L'énergie bien appliquée et dirigée permet de tout accomplir. »

Hedy Lamarr

1914-2000

Extase • Défense nationale • Wi-Fi

Hedwig Eva Maria Kiesler naît en 1914 en Autriche et embrasse une carrière cinématographique dès l'âge de 17 ans en travaillant sur des productions allemandes et tchécoslovaques. Elle rencontre le succès en 1932, avec la sortie du film *Extase*, qui l'intronise à Hollywood où elle signe un contrat avec la MGM et devient Hedy Lamarr. Elle joue dans son premier film hollywoodien en 1938, puis incarne des rôles face aux acteurs les plus populaires et talentueux de l'époque, notamment Spencer Tracy, Clark Gable et James Stewart.

Mais, dans sa caravane, entre deux prises, et toutes les nuits chez elle, elle pratique son passe-temps favori : inventer ! De son amour de la science naissent quelques expériences infructueuses – notamment des comprimés de cola effervescents – mais également quelques succès pour lesquels on peut encore la remercier aujourd'hui !

Hedy a en effet mis au point ce qui deviendra la base des communications militaires sécurisées. En 1942, avec l'aide du compositeur George Antheil, elle brevette ce qu'elle et lui appellent le « système de communication secret ».

L'idée initiale est de résoudre le problème du blocage des signaux ennemis par les missiles radiocommandés au cours de la Seconde Guerre mondiale. Cela implique la modification simultanée des fréquences radio pour éviter aux ennemis de détecter les messages.

Petit à petit, l'idée d'Hedy est devenue primordiale pour l'industrie militaire puis pour la téléphonie mobile, le système GPS et… le Wi-Fi ! Merci Hedy !

Tout au long de sa carrière d'actrice, la presse a surtout parlé de sa vie amoureuse – six mariages et autant de divorces – et de son apparence sensuelle et envoûtante. De tout sauf de son invention ! Le Conseil national des inventeurs dévoile alors la maternité de la découverte à la presse et le *LA Times* qualifie Hedy Lamarr de « sirène à l'écran dont l'invention, tenue secrète par le Gouvernement, est considérée comme ayant une grande valeur potentielle dans le programme de défense nationale ». Mais en 1944 lorsque le magazine *Motion Picture* parle des « découvertes » d'Hedy… il s'agit de coiffures ! Ce n'est que trois ans avant sa mort, en 1997, qu'elle obtient enfin la reconnaissance en recevant le prix des Pionniers de l'Electronic Frontier Foundation.

Cette réalisation technologique impressionnante, alliée à son talent d'actrice et à sa renommée de star, fait de « la plus belle femme du cinéma » l'une des plus intéressantes et des plus brillantes de l'Histoire.

« L'inconnu a toujours été si attrayant pour moi... »

Emmy Noether

1882-1935

Algèbre • Théorie des anneaux • Albert Einstein

Amalie Emmy Noether passe son enfance à apprendre les arts, car c'est ce qu'on attend des filles. Mais une fois certifiée pour enseigner l'anglais et le français, elle décide de suivre des cours de mathématiques en auditrice libre, à Erlangen, jusqu'à ce que l'université autorise enfin les femmes à s'inscrire ! Elle décroche son doctorat en 1907.

À partir de là, Emmy travaille à l'Institut de mathématiques d'Erlangen, sans salaire ni titre – toujours en raison de son sexe – et commence ses travaux sur l'algèbre théorique. En 1915, elle intègre l'Institut – toujours gratos, gardons-le en tête – de mathématiques de Göttingen et commence à travailler avec deux éminents mathématiciens, Félix Klein et David Hilbert, sur la théorie de la relativité générale d'Einstein.

En 1918, elle démontre deux théorèmes fondamentaux sur la relativité générale et la physique des particules élémentaires, dont un est aujourd'hui connu sous le nom de « théorème de Noether ».

Emmy n'est autorisée à donner des conférences qu'en tant qu'« assistante » d'Hilbert qui bataille pour la faire accepter comme professeure. « Je ne vois pas pourquoi le sexe de la candidate serait un argument contre son admission. Après tout, nous sommes une université, pas des bains publics ! » En 1922, elle devient « professeur associé sans mandat » et commence à recevoir un tout petit salaire. Eh oui, car en plus des préjugés à l'égard des femmes, elle est aussi juive, sociale-démocrate et pacifiste… ce qui fait trop pour eux, visiblement.

Emmy réalise des travaux fondamentaux sur l'algèbre abstraite, notamment dans les théories des anneaux, des nombres, des groupes et leur représentation. Ses mathématiques s'avèrent très utiles pour les physicien·ne·s et les cristallographes. L'approche conceptuelle de l'algèbre par Emmy Noether débouche sur un ensemble de principes unifiant algèbre, géométrie, algèbre linéaire, topologie et logique.

À partir de 1928, sa carrière de professeure rayonnera à l'international jusqu'à ce qu'en 1933 le gouvernement nazi lui refuse l'autorisation d'enseigner… Rester en Allemagne devient trop dangereux, elle s'exile aux États-Unis jusqu'à sa mort en 1935 des suites d'une infection post-opératoire.

« Noether était le génie mathématique créatif le plus important à ce jour depuis le début de l'enseignement supérieur féminin. » Albert Einstein.

Mary Read & Anne Bonny

XVIIIe siècle

Travestissement • Amitié • Piraterie

Mary Read est née en Angleterre en 1690. À la mort de son frère Willy, sa mère l'habille en garçon pour continuer de recevoir le soutien financier de la grand-mère de Mary (qui n'aime pas les petites filles).

Plus tard, Mary se travestit toujours et s'enrôle sur un navire marchand avant de s'engager dans l'armée britannique. Elle y rencontre un maréchal des logis à qui elle dévoile sa véritable identité avant de l'épouser. Le nouveau couple ouvre une auberge qui fermera quatre ans plus tard à la mort du mari. Mary se fait à nouveau passer pour un homme et s'engage sur un navire marchand hollandais sous le nom de Willy Read. Un petit boulot tranquille en apparence, jusqu'à ce que ce navire soit attaqué, et Mary capturée par le pirate anglais Jack Rackham (celui qui a inspiré Rackham le Rouge à Hergé). Mary passe sans hésitation à l'ennemi, et commence sa carrière de pirate. Rackham l'engage, croyant avoir affaire à un homme… car, sur un bateau, l'usage voulait que les femmes et les lapins soient interdit·e·s ! À bord, Mary tombe amoureuse d'Adam, qui lui avoue être en fait Anne Bonny, une autre femme pirate, elle aussi déguisée en homme, et qui se trouve être la compagne de Rackham ! Une amitié est née !

En 1720, le pouvoir royal britannique décide de lutter contre la piraterie et envoie plusieurs bâtiments de guerre à la poursuite du navire de Rackham qui se défend tant qu'il peut, avant de rendre les armes… Anne et Mary se battent encore avec force et courage jusqu'à tuer deux hommes et en en blessant bien davantage. Contrairement à ce qu'on pourrait croire, elles ne tuent pas des soldats du pouvoir royal, mais elles tuent des pirates de leur propre équipage ! Pourquoi ? Tout simplement parce qu'elles ne supportent pas de les voir accepter de devenir captifs, sans résistance. L'équipage complet du bateau est emprisonné, et la seule sanction envisagée pour les pirates est la pendaison.

Mary et Anne dévoilent leurs grossesses lors du « procès » pour échapper à la sentence ! Bien entendu, aucune des deux n'était enceinte… Mary échappe à la mort mais décède en prison quelques jours plus tard de la fièvre jaune. Quant à Anne Bonny, elle a continué à cultiver le mystère puisqu'on ne sait pas ce qu'elle est devenue !

Tiens donc !

On raconte qu'avant d'achever ses ennemis vaincus, Mary Read leur dévoilait un sein ou son sexe pour leur montrer qu'une femme pouvait se battre contre un homme, et même mieux que lui !

« Ce qui les unit, c'est ce courage, cette valeur au combat, ce sens de l'honneur, si nettement supérieurs à ceux de leurs compagnons, et dont on feignit de s'étonner à l'époque comme d'une monstruosité. » Daniel Defoe.

Novatrices !

Odile Fillod : oser le clitoris !

Chercheuse indépendante en sociologie des sciences et de la vulgarisation scientifique, elle est spécialiste des questions de genre. Odile Fillod a été la première, en 2016, à modéliser un clitoris en 3D pour apprendre aux petit·e·s comme aux grand·e·s où il se trouve et à quoi il ressemble ! Le modèle est disponible gratuitement et peut être imprimé par n'importe quelle imprimante 3D.

« Selon les représentations profondément ancrées, c'est comme si d'un côté les hommes avaient un phallus, et de l'autre les femmes n'avaient rien, déplore-t-elle. Ces représentations imposent une vision des femmes comme des êtres à qui il manquerait quelque chose, et induit même une notion de passivité chez elles, parce qu'elles n'ont pas l'outil. » Et à la question : « À quoi sert-il ? » La réponse est aussi simple que fantastique : « Le clitoris est le seul organe, tous corps humains confondus, qui a pour fonction : le plaisir ! »

C'est précisément la raison pour laquelle on le retire à près de 3 millions de femmes par an, par ce qu'on appelle : l'excision. Qu'on se le dise, lorsqu'on possède un clitoris, on ne « manque » pas de quelque chose… on a même un *addenda* ! Et grâce à Odile Fillod, on a désormais tout loisir de découvrir la partie immergée de l'iceberg…

Nettie Stevens

1861-1912

Biologie • Chromosomes • Sexe

Nettie Mary Stevens est la troisième enfant d'une famille aisée de la Nouvelle-Angleterre. Elle fréquente l'École normale et devient, en 1880, institutrice dans cette même école. Elle travaille ensuite à la bibliothèque municipale de Westford où elle vit, tout comme sa famille...

Bon, là, tout de suite, ça n'a pas l'air passionnant... mais attendez la suite ! Nettie a toujours voulu étudier la biologie, mais vu le prix de l'enseignement, elle épargne pendant près de seize ans pour pouvoir réaliser son rêve.

C'est là que ça devient intéressant ! En 1896, elle intègre le département de biologie de l'université de Stanford. Elle y obtient ses diplômes et décide de se spécialiser en cytologie (l'étude des cellules normales ou pathogènes). Elle s'intéresse tout particulièrement à des structures « étranges », aux formes changeantes, et aux chromosomes. Nettie se passionne pour l'embryologie et à la spermatogenèse. Son truc, c'est le processus de détermination du sexe de l'embryon !

Au début du XXe siècle, Nettie travaille sur les vers de farine et réalise que les spermatozoïdes présentent parfois un chromosome supplémentaire (que l'on appelle « Y ») et parfois non. Elle pense bien que cette particularité n'est pas relative aux vers de farine et pousse encore plus loin ses observations. En 1901, le chercheur McClung émet l'hypothèse que ce chromosome supplémentaire est lié au sexe, mais n'arrive pas à le prouver. En 1905, Nettie Stevens découvre que, lors de la spermatogenèse, le chromosome Y apparaît ou non lors de la méiose (processus de double division cellulaire permettant la formation de gamètes). Allez, on s'accroche !

Si le chromosome Y est là, c'est un garçon, et si c'est juste un chromosome X, c'est une fille. Voilà ! Nettie Stevens a découvert pourquoi vous naissez garçon ou fille. Aujourd'hui, c'est logique, mais avant elle, c'était un des grands mystères de la nature.

Elle décède à 50 ans d'un cancer du sein, et contre toute attente... ses collègues la déprécient et s'approprient sa découverte ! On connaît déjà l'effet Matilda (page 39), mais ce qui compte, c'est qu'aujourd'hui on connaisse aussi, et surtout, le nom de Nettie Stevens.

« Les travaux cytologiques modernes impliquent une complexité de détails dont le spécialiste seul peut apprécier l'importance ; Mlle Stevens a pris part à une découverte d'importance et son travail restera gravé dans les mémoires. » Thomas Hunt Morgan.

Marie Marvingt

1875-1963

Records sportifs • Aviation • Croix de guerre

Marie Marvingt, aussi appelée « la fiancée du danger », est née en 1875 dans le Cantal.

Elle suit une formation au cirque de Rancy où elle excelle en tant que trapéziste, jongleuse, funambule et cavalière. Sportive hors pair, elle passe du cyclisme au ski, du canoë au patinage, de l'escrime à l'équitation, de la gymnastique au golf, du polo au bobsleigh, de la boxe aux arts martiaux, du football au tir... pour ne citer que ceux-là !

Dans la plupart de ces disciplines, Marie pulvérise pas moins de 17 records mondiaux. Passionnée de natation, elle sera la première femme à traverser Paris à la nage, via la Seine (12,5 km) ! Côté alpinisme, elle sera la première femme à gravir les sommets des Alpes françaises et suisses, et notamment le mont Blanc !

En 1899, elle est l'une des premières femmes à obtenir son permis de conduire... En 1908 alors que la compétition du Tour de France est interdite aux femmes, elle prend le départ juste après les concurrents, et devient la première femme à boucler le Tour...

Une fois la terre conquise... elle embrasse le ciel ! D'abord pilote de ballon, Marie part en 1909 de Nancy dans son aérostat – direction l'Angleterre – et devient la première femme à survoler la Manche et la mer du Nord.

L'année suivante, elle décroche un brevet de pilote d'avion et d'hydravion et invente le concept d'aviation sanitaire, concevant l'avion comme un moyen d'évacuer et de venir en aide aux blessé·e·s.

Une aventurière donc ? Oui, mais pas seulement ! Elle obtient une licence en Lettres, elle parle sept langues, devient journaliste... Il faudrait lui consacrer l'intégralité de ce livre pour être exhaustif·ve.

En 1914, lorsque la guerre éclate, elle se déguise en homme et s'engage vers le front avant d'être repérée mais gardée comme infirmière... Elle rejoint le 3e régiment de chasseurs alpins dans les Dolomites italiennes, pour évacuer les blessé·e·s... à ski ! En 1915, elle est ensuite engagée comme pilote dans les premières opérations de bombardement d'infrastructures militaires sur le territoire allemand. Pour ses actes de bravoure, elle recevra 34 décorations dont la Croix de guerre et la Légion d'honneur.

Malgré la vie flamboyante de celle que les journaux appellent « la femme la plus extraordinaire du siècle », elle s'éteint en 1963 dans l'extraordinaire anonymat d'un petit hospice près de Nancy.

Tiens donc !

Le port de robes n'étant pas particulièrement adapté à la pratique du sport et le pantalon alors interdit aux femmes... aucun problème, Marie invente la jupe-culotte !

« Je décide de faire mieux, encore et toujours. »

Oku Mumeo

1895-1997

Japon • Travailleuses • Shufuren

Oku Mumeo est née en 1895 au Japon. Aînée d'une famille de sept enfants, elle perd sa mère avant son quinzième anniversaire et la remplacera dans l'éducation de ses frères et sœurs. Encouragée par son père, qui souhaite vivement qu'elle fasse des études, elle entre à l'École supérieure pour jeunes filles du Japon. Il lui apporte également un exemplaire du premier journal féministe, *Seito*, en l'incitant, elle aussi, à écrire.

Oku ne voulant pas se conformer aux rôles attribués aux femmes de cette époque, elle passe son temps à lire et à apprendre des choses sur le monde tel qu'il est ailleurs... donc tel que le Japon pourrait être !

En 1919, experte en questions sociales, elle commence à donner des conférences et à écrire pour la revue *Le Monde du travail*. Afin d'approfondir son sujet, elle se fait engager sous un faux nom dans une usine textile et y travaille pendant un an.

Oku devient réellement activiste à partir de 1920 et, pendant une décennie, elle fonde un paquet d'associations visant à améliorer la représentation et la vie des femmes japonaises, telles que : l'association des Nouvelles Femmes, pour qu'elles puissent jouer un rôle dans la vie politique du pays, en se battant pour l'obtention du droit de vote ; la Société des femmes qui travaillent (et la revue du même nom), afin de sensibiliser et informer les femmes sur leurs droits en tant que travailleuses. Elle devient également rédactrice en chef de la revue *La Ligue des femmes* et crée un syndicat pour protéger les consommatrices.

Puis, en 1933, à Osaka, elle fonde une « Maison des femmes qui travaillent » qui se multipliera un peu partout à travers le pays. Ces maisons servent de dortoir pour les jeunes femmes du monde rural venues travailler en ville et fournissent également des conseils en matière d'emploi et de santé.

En 1945, le Japon accorde enfin le droit de vote aux femmes et, deux ans plus tard, Oku Mumeo est élue députée et briguera trois mandats successifs !

En 1948, elle crée et dirige l'association Shufuren en menant une enthousiaste campagne économique en partenariat avec l'État afin de réglementer et d'améliorer la qualité des produits consommés par les foyers tout en augmentant leur pouvoir d'achat. Ce réseau, devenu national, existe encore aujourd'hui. Oku lance aussi ses propres campagnes de communication pour persuader les femmes d'avoir leur propre compte en banque.

En 1956, ne se sentant plus en adéquation avec aucun parti, elle abandonne la politique et publie alors de nombreux essais avant de s'éteindre dans sa cent deuxième année.

« Elle a exprimé très clairement son opinion même devant les hommes de haut rang. Très peu de femmes pouvaient faire cela au Japon à cette époque. » Takayuki Kihara.

Rosa Bonheur

1822-1899

Peinture animalière • Homosexualité • Marché de l'art

Célèbre peintre animalière française du XIXe siècle, particulièrement reconnue en Angleterre et aux États-Unis, Rosa Bonheur – oui, oui, c'est son vrai nom – a mené une vie excentrique, non conventionnelle, mais libre ! Son enfance est divisée en deux périodes : d'abord rurale et aisée, pendant laquelle son père lui apprend à peindre, puis urbaine et pauvre, lorsque celui-ci abandonne sa famille. De son père, elle gardera une indépendance intellectuelle et la technique qui fera sa carrière. Dans la famille Bonheur, être artiste coule de source, car en plus de son père, sa mère, ses frères, sa sœur et ses neveux sont tou·te·s peintres, sculpteur·rice·s ou musicien·ne·s !

Elle travaille à la campagne, dans son petit château de By en Seine-et-Marne, pour être isolée et concentrée sur sa peinture, mais loue quand même une villa à Nice où elle fréquente le gratin lors de fêtes endiablées. Rosa ne respecte pas vraiment les conventions imposées aux femmes de l'époque : elle fume, visite les foires aux bestiaux en pantalon et vit avec une femme, ce qui lui donne aujourd'hui un statut de pionnière de la cause homosexuelle et féministe. À l'époque, son œuvre est qualifiée de « peinture d'homme, nerveuse, solide, pleine de franchise ». Au-delà des barrières que pouvaient rencontrer les femmes, elle accède à la grande peinture avec son tableau *Le Labourage nivernais* en 1849, que ce soit par le thème, la taille (1,34 x 2,6 m) ou la composition.

En 1865, elle est la première femme peintre à recevoir la Légion d'honneur. L'impératrice Eugénie la lui remet en main propre, voulant démontrer que « le génie n'a pas de sexe ». En 1894, elle devient même la première femme promue au grade d'officier.

Elle dessine alors une stratégie commerciale pour assurer son indépendance financière. Ses œuvres sont par exemple reproduites en estampes, leur assurant une large diffusion. Elle donne volontiers des interviews pour forger une légende autour de son personnage et part en tournée avec son marchand d'art pour étendre son réseau et faire la promotion de ses tableaux. Elle est la première personne dans l'histoire de la peinture qui voit le marché de l'art spéculer sur ses œuvres de son vivant.

Rosa Bonheur est un modèle pour les artistes du début du XXe siècle et une pionnière à plusieurs titres, notamment sur la compréhension du marché de l'art, mais aussi parce qu'elle pensait que « la femme est le Messie des siècles à venir ».

Tiens donc !

Rosa Bonheur devait demander auprès de la préfecture de Paris une « permission de travestissement », renouvelable tous les six mois, pour pouvoir porter des pantalons en public.

« J'avais pour les étables un goût plus irrésistible
que jamais courtisan pour les antichambres royales ou impériales. »

Les compositrices oubliées

Restons du côté des artistes, mais après la peinture, la musique ! Si les noms de Schumann, Mozart, Mahler et Mendelssohn ne vous sont pas inconnus, c'est probablement précédés de prénoms tels que Robert, Wolfgang, Gustav et Félix. Le génie musical serait-il masculin ? La musique serait-elle une aptitude facilitée par le chromosome Y ? Pourriez-vous citer une compositrice ? Voilà un petit dossier qui vous permettra d'interrompre toute conversation parlant de n'importe quel patronyme susnommé, en disant : « Elle ou lui ? » Commençons par un petit jeu ! Tentez de relier les points... (bon courage !)

Nannerl Mozart ●	● **Femme de** ●	● Tu composes mieux que moi, file-moi des morceaux, j'ai besoin de soutien !
Clara Schumann ●	● **Sœur de** ●	● Joue, compose, excelle mais ne produis pas !
Alma Mahler ●	● **Sœur de** ●	● Pas de place pour deux artistes dans la famille !
Fanny Mendelssohn ●	● **Femme de** ●	● Renonce à toute ambition personnelle [s'il te plaît] !

Nannerl Mozart

1751-1829

Dans la famille **Mozart**, je demande la sœur, **Maria Anna**, dite **Nannerl**.

Elle débute le clavecin à 8 ans et se montre particulièrement douée. Partageant régulièrement la scène avec son frère, elle commence à composer et devient bien meilleure instrumentaliste que lui – et en plus elle chante, elle ! Mais voilà. Les feux de la rampe ne peuvent pas éclairer tout le monde et leur père décide que deux artistes dans la famille, c'est une de trop ! Nannerl arrête les tournées et son père emmène seulement **Wolfgang** en Italie pour parfaire son art. Le succès grandissant de Wolfgang laisse de côté Nannerl qui oublie à jamais ses ambitions musicales.

Clara Schumann

1819-1896

Clara Wieck est initiée à la musique par son père qui lui apprend le violon, le piano, le chant, mais aussi la théorie, l'harmonie, la composition et le contrepoint. À 11 ans, elle part pour une tournée en Europe et, dès son premier concert, rencontre un grand succès. Frédéric Chopin lui consacre des articles élogieux dans des journaux parisiens. Elle épouse ensuite **Robert Schumann**.

Clara est l'une des rares musiciennes à vivre de son art dans une période dominée par des compositeurs et musiciens. Alors que Clara est une star de l'époque, Robert peine à se faire connaître, il a besoin de soutien. Alors Clara va plutôt travailler à rendre célèbre son mari...

Alma Mahler

1879-1964

Si elle est davantage « connue » pour sa vie amoureuse que pour ses œuvres, **Alma Schindler** débute pourtant des études de composition avec Alexander von Zemlinsky en 1900 et est artistiquement très productive durant toute sa jeunesse. Elle compose quelques lieder et des pièces instrumentales, tout en commençant à travailler sur un opéra.

Puis elle rencontre **Gustav Mahler** qui lui demande de renoncer à toute ambition personnelle : « Tu n'as désormais qu'une profession : me rendre heureux... » Elle aurait composé, en tout, une centaine de lieder qui restent encore inédits.

Fanny Mendelssohn

1805-1847

Le talent de musicienne de **Fanny Mendelssohn** se manifeste très tôt : tout comme son frère **Félix**, elle apprend le piano, la théorie musicale et la composition avec les meilleurs professeurs de l'époque, à Berlin et à Paris. Excellente pianiste et compositrice, elle impressionne sa famille mais n'en obtient pas le soutien car, comme le dit Félix : « L'encourager à publier quoi que ce soit, je ne le puis, car ce serait aller contre mes convictions [...], elle est trop femme. Elle dirige sa maison et ne pense nullement au public ni au monde musical, ni même à la musique, tant que ses premiers devoirs ne sont pas remplis. Publier ne pourrait que la distraire. »

C'est seulement à la fin de sa vie que Fanny s'oppose à l'interdiction familiale et publie les lieder, les œuvres pour piano et les œuvres vocales pour chœur.

Remontons-nous le moral avec l'Italie ! Elles ne sont pas toutes nées dans des familles de musiciens, et ont fait de brillantes carrières ! Pionnières... même si, oups ! Jamais entendu parler...

Francesca Caccini

1587-1641

Francesca Caccini a une belle carrière ! Fille de Giulio Caccini, elle est beaucoup plus qu'une héritière. À 18 ans, elle maîtrise les cordes grattées, est poétesse, claveciniste, chanteuse et professeure de chant !

De ces qualités, elle fonde sa propre école, devenant la musicienne la mieux payée de Florence, une des premières compositrices d'opéra et la seule compositrice professionnelle de son temps.

Isabella Leonarda

1620-1704

La « Muse de Novara » entre à 16 ans chez les Ursulines où elle compose toute sa vie durant. Fine musicienne, tant dans l'exercice du chant grégorien que de la polyphonie, elle teste ses œuvres sur la chorale qui officie lors des cérémonies religieuses. Presque toute son œuvre est inspirée par la foi et est constituée de pièces vocales sacrées.

À l'âge de 73 ans, elle publie un recueil de 11 sonates en trio et, trois ans plus tard, une sonate pour violon solo et orgue. Isabella Leonarda est la première femme italienne à composer pour le nouveau genre instrumental baroque.

Caterina Assandra

1587-1618

Caterina prononce ses vœux en 1609 et rejoint le monastère bénédictin de Sant' Agata, en Lombardie. Sous son nom religieux, Agata, elle commence par composer des motets avant son fameux *Salve Regina* imitatif à huit voix en 1611.

Ses motets comptent parmi les premiers à s'inscrire dans un style romain et à être publiés. Elle alterne œuvres traditionnelles et plus innovantes comme, par exemple, *Duo seraphim*. Son *O Salutaris hodie* est l'une des premières pièces à utiliser un « violone ».

Barbara Strozzi

1619-1664

Son père adoptif, Giulio Strozzi, lui fait côtoyer les milieux poétiques et musicaux de son temps et, grâce à cette éducation, elle est admise à l'Accademia degli Unisoni, branche musicale de l'imposante Accademia degli Incogniti. Elle met aussi bien en musique ses textes que ceux de son poète de père. Elle est, au milieu du XVIIe siècle, l'une des compositrices italiennes les plus célèbres !

Vous voilà paré·e·s pour créer une belle playlist « Virago vous décompose » (seulement si vous aimez les jeux de mots et la musique classique).

Et comme le dit si bien Fanny Mendelssohn : « Que du reste, votre misérable nature de femme vous soit rappelée, tous les jours, à chaque pas de votre vie par les seigneurs de la création serait un point qui pourrait vous mettre en fureur et vous faire perdre toute féminité, si le mal ne s'en trouvait pas ainsi empiré. »

Solution de la page 72 :

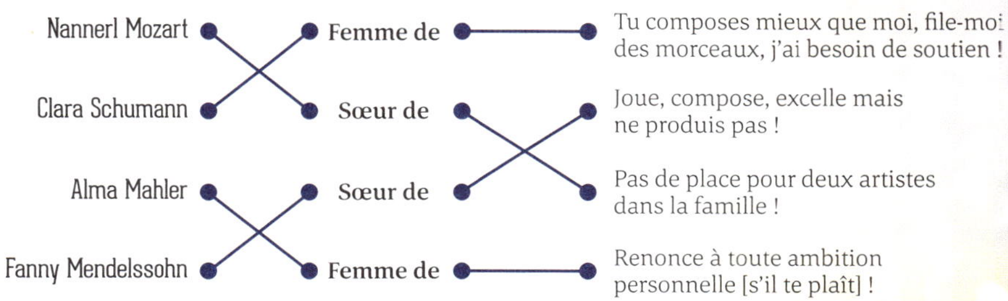

Noor Inayat Khan

1914-1944

Radio-transmission • WAAF • Espionnage

Noor Inayat Khan est la descendante directe du dernier sultan musulman d'Inde au XVIIIe siècle. Raspoutine a fait venir son père au Kremlin pour donner des conseils spirituels sur l'amour et la paix au tsar Nicolas II, et voilà comment une princesse indienne vient au monde en Russie en 1914 !

En 1916, sa famille s'installe à Londres pour quatre ans, puis à Paris où elle passera son bac avant d'être diplômée en psychologie de l'enfance à la Sorbonne. Lorsque la guerre éclate en 1939, elle décide de devenir infirmière, puis en 1940, Noor retourne en Angleterre et s'engage dans la Women's Auxiliary Air Force (WAAF). Elle part ensuite à Édimbourg pour suivre un cours intensif d'opérateur radio. Moins d'un an plus tard, elle est chargée de la liaison radio avec les bombardiers en vol au centre de la Royal Air Force, jour et nuit sans relâche !

Après un temps, elle demande à passer officière, et choisit le renseignement comme spécialité. En 1942, elle suit une formation en transmission pour opérateurs radio clandestins et est recrutée dans la foulée par le Renseignement britannique. Sachant que l'espionnage interdit de bénéficier du statut de prisonnier de guerre, les agents secrets féminins couraient des risques plus importants encore que leurs homologues masculins ; aucun droit ne les protégeait puisqu'on n'envisageait même pas leur présence sur le terrain (!).

En juin 1943, elle arrive à Paris à la tombée de la nuit en tant qu'agent secret britannique avec un nom de code qui claque : Madeleine ! Deux mois plus tard, elle est la dernière opératrice radio de sa section encore libre de ses mouvements car tous les autres se sont fait prendre par les nazis.

Un soir d'octobre, alors qu'elle a été dénoncée, les Allemands la mettent en détention au QG de la Gestapo. Elle profite des commodités pour s'échapper par la fenêtre mais se fait rattraper dans la foulée. Un mois plus tard, elle tente de nouveau l'évasion mais c'est un échec et les nazis la transfèrent à la prison de Pforzheim. Elle y passera neuf mois complètement isolée, pieds et poings liés. En septembre 1944, Noor est transportée au camp de Dachau où elle est rouée de coups par un officier SS. Il s'est acharné sur elle avec une violence inouïe. Quand il a été à bout de souffle, la jeune femme n'était plus qu'un tas de chairs ensanglantées mais avant qu'il ne lui tire une balle dans la nuque, son dernier mot fut : « Liberté ! » Elle n'avait que 30 ans.

Virago #9

« Son dernier mot, après avoir été sauvagement battue par un officier SS, fut : "Liberté !" » Cahal Milmo.

Vandana Shiva

Née en 1952

Physique quantique • Désobéissance civile • Écoféminisme

Vandana Shiva est née en 1952 en Inde, près des collines de l'Himalaya. Après une maîtrise en philosophie des sciences de l'université de Guelph, en Ontario, sa thèse intitulée *Variables cachées et non-lieu dans la théorie quantique* lui vaut un doctorat du département de philosophie à 26 ans.

Lors d'une visite dans la maison de son enfance, elle découvre que les arbres de la forêt qu'elle adorait ont été coupés et la rivière asséchée. Cette vision insupportable du « mal que l'homme pouvait faire à la nature » est alors un déclic et elle s'engage dans l'environnementalisme. Après avoir terminé ses études, Vandana retourne en Inde, où elle travaille pour l'Institut des sciences. En 1982, elle crée la Fondation de recherche pour la science, la technologie et l'écologie (RFSTE), dans l'étable de sa mère à Dehra Dun.

Elle se fait alors connaître en critiquant la Révolution verte en Asie, une action internationale lancée dans les années 60 pour accroître la production alimentaire dans les pays les moins développés grâce à des stocks de semences à haut rendement et à l'utilisation de pesticides et d'engrais. La Révolution verte a entraîné une pollution accrue, une perte de la diversité des semences et des connaissances agricoles traditionnelles, ainsi qu'une dépendance des agriculteur·rice·s pauvres vis-à-vis de produits chimiques coûteux. En réponse, elle crée plus de quarante banques de semences en Inde pour préserver le patrimoine agricole du pays, tout en formant les agriculteur·rice·s à des pratiques durables pour les sensibiliser aux avantages de la conservation de leurs souches. L'idée de Vandana s'articule autour d'une approche décentralisée de l'agriculture, reposant sur un large éventail de semences adaptées aux conditions locales qui seraient susceptibles de résister aux aléas du changement climatique.

Altermondialiste, Vandana Shiva devient aussi une figure emblématique de l'écoféminisme, une théorie philosophique qui voit une correspondance entre la manière dont les hommes traitent la nature depuis le XVIe siècle et la façon dont ils traitent les femmes. Le but de ce mouvement féministe est donc de trouver un moyen de dépasser cette relation dominant / dominé – qui a fait son temps – et ses dégâts parfois irréversibles, pour établir des relations de respect et d'égalité. Si elle est autant engagée dans l'écologie aujourd'hui, c'est qu'elle considère qu' « on n'est humain que si on protège la Terre ».

« Les pays qui sont le moins responsables des changements climatiques sont les plus durement frappés. »

Novatrices !

Les femmes du mouvement Chipko : enlacer les arbres

Chipko veut dire « embrasseurs d'arbres ». C'est un mouvement populaire de protection des forêts et des ressources naturelles dans les régions himalayennes de l'Inde.

Le mouvement Chipko commence en 1973 quand les habitantes du village de Mandal s'opposent physiquement aux ouvriers venus abattre 300 frênes dans leur forêt. Équipés de tronçonneuses, mais voyant ce groupe de femmes sans crainte, déterminées à enlacer les arbres, ils n'ont pas d'autre choix que de rebrousser chemin. « Cette forêt est la demeure de nos mères, nous la protégerons de toutes nos forces. »

Elles font de leurs corps un rempart et enlacent le tronc des arbres destinés à être abattus. « Si vous voulez les abattre, abattez-nous d'abord. » En 1987, le « prix Nobel alternatif » (Right Livelihood Award) a été décerné aux femmes du mouvement Chipko.

« L'expérience du mouvement Chipko montre que la libération des femmes ne consiste pas uniquement à se libérer de l'oppression dans les sociétés patriarcales qui dominent le monde, elle consiste aussi à libérer tous les hommes et toutes les femmes, “colonisés” par la logique économique de la domination et de l'exploitation illimitée et irrationnelle de la nature par le capital. » Vandana Shiva.

Ada Lovelace

1815-1852

Sciences • Calculatrice mécanique • Codage informatique

Ada Byron naît le 10 décembre 1815 à Londres. Elle est la fille d'une férue de mathématiques, Annabella Milbanke, et du poète britannique Lord Byron. Dès l'âge de 4 ans, elle reçoit une éducation dans des domaines qui la passionnent : les mathématiques et la science !

En 1835, après avoir épousé William King, elle devient comtesse de Lovelace, peu de temps après avoir rencontré son mentor, le mathématicien Charles Babbage, inventeur d'une calculatrice mécanique. Afin d'aider Charles dans ses recherches, elle lui traduit un article d'un ingénieur, Luigi Menabrea, qui travaille sur un système équivalent et, au passage, elle corrige et annote ce texte jusqu'à rédiger un article trois fois plus long que l'original.

Le mathématicien travaille ensuite sur une « machine analytique », l'ancêtre de nos ordinateurs, mais munie d'un système mécanique capable de réaliser une série de calculs établis à l'avance et inscrits sur des cartes perforées. Une machine capable d'effectuer automatiquement des opérations pour « nous faire gagner du temps de travail, et nous permettre de refaire sans étourderie des opérations que nous aurions bien définies », écrit Ada en 1843. Faute de moyens techniques, la machine ne fut jamais construite entièrement, mais elle était bel et bien fonctionnelle. Ada complète donc sur le papier ses premiers programmes informatiques, un siècle avant que l'électronique ne permette de les concevoir !

Elle va faire deux choses essentielles :
→ corriger les bugs qui se sont glissés dans les premières versions des programmes.
→ rédiger une documentation claire et accessible de cette machine analytique.

Mais Ada, consciente du potentiel de sa découverte, déclare : « La machine n'a nullement la prétention de créer quelque chose par elle-même. Elle peut exécuter tout ce que nous saurons lui ordonner [...]. Son rôle est de nous aider à effectuer ce que nous savons déjà dominer. » Selon elle, ces « mathématiques incarnées » peuvent être appliquées à l'astronomie, à la physique ou encore à la recherche, ce en quoi personne ne croit à l'époque.

Elle a effectué les premières ébauches d'une écriture formelle des instructions à employer pour réaliser des séries de calculs donnés. En gros, elle a inventé les bases de ce qu'on appelle aujourd'hui le codage informatique. Ada meurt à 36 ans mais en 1978, son nom fut donné à un langage informatique, qui, si l'on y réfléchit, est le résultat du gène de la poésie au service de la technique informatique !

Tiens donc !

Ada Lovelace - qui n'a pourtant jamais connu son père de son vivant - est décédée au même âge que lui et est enterrée à ses côtés ! Gageons qu'elle et lui doivent sûrement rattraper le temps perdu.

« Si vous ne pouvez pas me donner la poésie,
ne pouvez-vous pas me donner la science poétique ? »

Alexandra Kollontaï

1872-1952

Socialisme • Polyamour • Ambassadrice

Alexandra Mikhaïlovna Domontovitch naît en 1872 à Saint-Pétersbourg. Fille d'aristocrate, elle reçoit une excellente éducation mais se « rebelle » en s'intéressant à ce qui deviendra la cause de la révolution russe : le socialisme, idée nouvelle dans le pays.

En 1893, elle épouse Vladimir Kollontaï mais l'idylle est brève : lassée par la vie de couple, elle le quitte trois ans plus tard et part étudier l'économie politique à l'université de Zurich.

De retour en Russie, son engagement politique s'accroît et elle participe aux publications sociales-démocrates et au mouvement international des femmes socialistes. En 1917, elle est élue au comité central du parti bolchevique et devient la première et seule femme membre du gouvernement de Lénine. Nommée commissaire du peuple à la protection sociale, elle œuvre pour l'émancipation des femmes en créant un réseau de crèches, de jardins d'enfants, de laveries et de cantines pour les libérer des tâches domestiques.

Alexandra considère que chaque période de l'Histoire et chaque système politique doit redéfinir l'idéal amoureux et la notion de famille pour assurer le bien-être de tous. Pour elle, le mariage est voué à disparaître et elle théorise une nouvelle morale sentimentale, « l'amour-camaraderie », dessinant le concept aujourd'hui appelé « polyamour » et basé sur ces principes : l'égalité des rapports mutuels, l'absence de possessivité, la reconnaissance des droits individuels de chacun·e et l'empathie. Pour prouver le bien-fondé de son idée, elle n'hésite pas à la mettre en pratique dans sa propre vie.

L'action politique d'Alexandra Kollontaï permet aux femmes soviétiques d'obtenir le droit de vote et d'être élues ; elle défend le droit au divorce par consentement mutuel, améliore également l'accès à l'éducation, favorise l'égalité salariale, mais aussi instaure le congé maternité et le droit à l'avortement, en 1920 !

Trois ans plus tard, elle devient représentante de l'Union soviétique en Norvège, faisant d'elle la première femme ambassadrice.

Théoricienne de la « femme nouvelle », visionnaire sur l'ensemble des aspects d'une vie, elle prend sa retraite en 1945 avant de s'éteindre à Moscou en 1952.

Tiens donc !

Alexandra Kollontaï et Vladimir Ilitch Oulianov [dit Lénine] ont entretenu une relation épistolaire au cours de laquelle elle et lui évoquaient librement l'amour, l'égalité femmes/hommes et la sexualité, pour un modèle familial plus équitable.

« Il est parfaitement clair pour moi que la libération complète de la travailleuse et la création d'une nouvelle moralité sexuelle resteront toujours le but suprême de ma vie. »

Wangari Maathai

1940-2011

Biologie • Reforestation • Prix Nobel

Wangari Maathai naît en 1940 à Nyeri au Kenya, au sein d'une famille paysanne de l'ethnie Kikuyu. Après avoir obtenu une bourse pour aller étudier aux États-Unis, elle décroche en 1971 un doctorat en biologie et commence à enseigner l'anatomie animale et la médecine vétérinaire à l'Institut universitaire de Nairobi.

Mais, six ans plus tard, elle abandonne sa carrière universitaire pour créer le plus vaste projet de reboisement d'Afrique, The Green Belt Movement. Elle fera planter plus de cinquante millions d'arbres sur le continent africain. Plus de 4 000 pépinières sont créées rien qu'au Kenya, fournissant du travail à près de 100 000 personnes, dont la plupart sont des femmes.

L'objectif est de prévenir la déforestation et l'érosion des sols qui sont des facteurs de sécheresse et de pauvreté, tout en donnant du travail aux femmes pour leur offrir davantage d'autonomie. Son réseau se développe avec succès dans plusieurs autres pays comme la Tanzanie, l'Ouganda, l'Éthiopie, le Zimbabwe ou encore le Lesotho.

Elle se marie, fait trois enfants, puis son mari obtient le divorce parce qu'elle était « trop éduquée, trop forte, trop couronnée de succès, trop obstinée et trop difficile à contrôler ».

Dans sa lutte en faveur des droits de l'homme, elle dénonce la corruption et les dérives autoritaires de son gouvernement. Pour ses prises de position, elle est harcelée et emprisonnée à plusieurs reprises, notamment en 1991 où elle n'est libérée que sous la pression d'Amnesty International.

Wangari Maathai devient en 2004 la première femme noire africaine à recevoir le prix Nobel de la paix, pour « sa contribution en faveur du développement durable, de la démocratie et de la paix, son approche holistique du développement durable, des droits de l'homme en général et des droits des femmes en particulier ».

En 2002, elle est élue députée écologiste du premier parlement démocratique kényan. L'année suivante, elle est nommée ministre adjointe à l'Environnement, aux Ressources naturelles et à la Faune sauvage.

Wangari Maathai nous quitte à Nairobi le 25 septembre 2011, à l'âge de 71 ans, et aura, comme elle le souhaitait, « planté pour le futur les graines de la paix ».

« Plantons des arbres et les racines de notre avenir s'enfonceront dans le sol et une canopée de l'espoir s'élèvera vers le ciel. »

Nabila Djahnine

1965-1995

Architecture • Cri de femme • Émancipation

Née au sein d'une famille populaire de Bejaïa, en Algérie, en 1965, Nabila Djahnine étudie l'architecture à Tizi Ouzou.

Elle s'engage contre le Code de la famille, voté en 1984, qui réduit les femmes algériennes au statut de mineures. Cette loi obscurantiste, visant à priver les femmes de leurs libertés fondamentales, pousse Nabila à rejoindre la protestation. « Les femmes ont été mises en avant ou reléguées en arrière, selon la conjoncture. » Elle participe à la fondation du Syndicat national des étudiants algériens après la grande grève générale de 1987.

Elle compte également parmi les membres fondatrices de l'AEF (Association pour l'émancipation des femmes) et crée l'association Tighri Ntmettouth (« Cri de femme ») qui veut faire parvenir le message de l'émancipation, des villes jusqu'aux villages les plus enclavés.

Alors membre de la direction de la ville de Tizi Ouzou, elle n'hésite pas à faire face à des adversaires politiques particulièrement conservateurs. « À ce moment-là, personne n'osait bouger le petit doigt. Nous nous adressions au pouvoir contre son laxisme. Il n'y avait ni jugement ni prise de position claire. C'était le silence total autour des agressions contre les femmes. »

En octobre 1994, Katia Bengana, lycéenne de Meftah, est tuée pour avoir refusé le code vestimentaire imposé par les intégristes. « C'est la logique du terrorisme. Ils tuent tout ce qui dérange. À chaque situation, les femmes ont réagi et réagissent. C'est pour ça que le terrorisme les élimine. »

Quelques mois plus tard, en février 1995, c'est Nabila qui est assassinée par un groupe armé, pour son engagement et ses prises de position.

Un proverbe kabyle dit : « Les visages s'en vont, les noms restent », celui de Nabila Djahnine, associé à ses combats, survit à la lâcheté de ses assassins – aux idées courtes et aux dents longues. Des idées qu'elle n'a jamais abandonnées pour rassembler, mobiliser et lutter contre le sort réservé aux femmes.

« L'engagement de Nabila Djahnine a dérangé les gardiens du temple de l'obscurantisme. » Kamel Medjedoub.

Ambitieuses !

Mumtaz Shaikh : le droit de pisser !

Née en Inde en 1981, Mumtaz a fondé l'association *Right to pee* qui lutte en faveur de l'accès aux toilettes pour les femmes !

Eh oui, car si vous n'y pensez pas en allant là où personne ne peut aller pour vous… la réalité est que, pour beaucoup, c'est un luxe. À Mumbaï, pour 22 millions d'habitants, il n'y a que 11 000 toilettes publiques et seulement un tiers sont accessibles aux femmes. Les deux tiers restants sont des pissotières… Les femmes qui n'ont pas de commodités sur leur lieu de travail peuvent passer jusqu'à treize heures sans se soulager ! Vous imaginez aisément les dangers et problèmes sanitaires que cela peut provoquer…

En Inde, le temps passé à chercher des toilettes ou un lieu en plein air un peu discret engendre également des pertes de productivité équivalentes à 10 milliards de dollars par an, soit 20 % du PIB. « J'œuvre pour une équité qui dépasse de loin les stéréotypes de coquetterie dont pâtissent les femmes. Nous agissons pour le bien-être d'une population entière, d'une société. »

Dignité, Égalité, et Droit de pisser !

Virago #16

Olympe de Gouges

1748-1793

Déclaration • Révolution • Égalité des sexes

Marie Gouze naît à Montauban en 1748 et reçoit une éducation plutôt rudimentaire. En 1765, elle est mariée sans passion à Louis-Yves Aubry avec qui elle a un fils, peu avant de devenir joyeusement veuve.

En 1770, elle rencontre un riche Toulousain qui la demande en mariage mais elle préfère rester célibataire car, pour elle, « le mariage est le tombeau de la confiance et de l'amour ». Elle le suit tout de même à Paris et se met à fréquenter des cercles d'intellectuels, des salons, puis commence à publier, sous le nom d'Olympe de Gouges, des écrits, articles, romans et pièces de théâtre. Elle dirige même un temps sa propre troupe. Ses textes, profondément humanistes, sont empreints d'idées nouvelles et avant-gardistes. En 1785, une de ses pièces est inscrite au répertoire de la Comédie-Française mais les comédiens refusent de la jouer sous prétexte qu'elle donne la parole à des esclaves. Rebaptisée *L'Esclavage des Noirs*, elle est publiée et montée trois ans plus tard accompagnée d'un essai-manifeste pour l'abolition de l'esclavage. Elle colle alors un procès à la Comédie-Française qui aboutit à une reconnaissance plus large des droits des auteurs. Elle publie ensuite plusieurs articles où elle appelle à des réformes économiques et sociales radicales.

La Révolution approchant, elle multiplie les libelles politiques pour défendre le principe d'une monarchie constitutionnelle et prône : la liberté d'expression, l'égalité des sexes, l'instauration du divorce, l'abolition de la peine de mort, la création d'un impôt sur les revenus des plus riches, la distribution des terres en friche à des paysan·ne·s ou des coopératives, la mise en place d'un tribunal populaire pour tou·te·s, la création de maternités et de foyers solidaires pour mendiant·e·s... Rien que ça !

En 1791, elle publie *Les Droits de la femme et de la citoyenne* dont l'article X proclame : « La femme a le droit de monter sur l'échafaud ; elle doit avoir également celui de monter à la Tribune. » En 1793, après la déclamation d'un pamphlet, Olympe est arrêtée et emprisonnée pour injures envers les représentants du peuple et publication d'écrits contre-révolutionnaires. De sa cellule, elle parvient à faire afficher deux derniers textes, *Une patriote persécutée* et *Olympe de Gouges au tribunal révolutionnaire*. Le 2 novembre, elle comparaît devant ce même tribunal et est condamnée à mort puis guillotinée le lendemain matin.

Tiens donc !

Ses ossements sont entassés avec plein d'autres dans la chapelle expiatoire du square Louis-XVI - à Paris, dans le VIIIe arrondissement -, construite sur le cimetière le plus proche de la guillotine.

Virago #1

« Dans les siècles de l'ignorance, les hommes se sont fait la guerre ; dans le siècle le plus éclairé, ils veulent se détruire. Quelle est enfin la science, le régime, l'époque, l'âge, où les hommes vivront en paix ? »

Sojourner Truth

1797-1883

Esclavagisme • Prédication • Abolition

Sojourner Truth naît esclave sous le nom d'Isabella Van Wagener dans l'État de New York en 1797. Quand elle a 9 ans, son second maître décède et elle est vendue aux enchères, achetée 100 dollars par un fermier, avec un lot de moutons. Ce n'est qu'en 1827 qu'elle est finalement libérée lorsque l'État de New York abolit l'esclavage. Peu de temps après, elle rejoint une église méthodiste et s'y convertit. Vers 1843, elle devient prédicatrice évangéliste et voyage à travers la Nouvelle-Angleterre. Elle change alors son nom pour devenir Sojourner Truth. Truth voulant dire « vérité » : rapport à la prédication ! L'année suivante, elle devient un membre précieux de la Northampton Association, qui prône des droits égaux pour tou·te·s sans distinction de sexe, de couleur ou de religion. Au sein de l'association, elle apprend beaucoup sur l'abolition de l'esclavage et les droits des femmes, éléments fondateurs de cette communauté réformiste.

Fait exceptionnel, Sojourner remporte une procédure judiciaire pour récupérer un de ses fils vendu comme esclave. Une première pour une femme noire, contre un homme blanc !

Elle a par ailleurs aidé de nombreux réfugié·e·s noir·e·s après la guerre de Sécession, notamment dans leurs recherches d'emploi.

Elle prend la parole dans de nombreuses conventions, dont celle de 1851 à Akron, dans l'Ohio, qui restera célèbre grâce à son discours : « *Ain't I a Woman ?* » (Ne suis-je pas une femme ?)

« Je pouvais travailler autant qu'un homme et supporter tout autant le fouet ! Ne suis-je pas une femme ? J'ai mis au monde treize enfants, et vu la plupart d'entre eux être vendus comme esclaves, et quand j'ai pleuré avec ma douleur de mère, personne à part Jésus ne m'écoutait ! Ne suis-je pas une femme ? »

À partir de 1870, Truth s'efforça pendant sept ans – sans succès – d'obtenir que des terres fédérales soient octroyées à d'ancien·ne·s esclaves dans les territoires de l'Ouest, allant même jusqu'à plaider la cause auprès du président Grant.

Elle gagne sa vie en tant que conférencière, organise des *sit-in* pour mobiliser autour de la réforme, présente des pétitions au Congrès, rencontre les présidents et tente même de voter aux élections de 1872. Rappelons-nous qu'elle n'en avait pas le droit, ni en tant que femme ni en tant Noire ! L'admirable Sojourner Truth, dont le nom devrait être connu de tous, a continué de défendre la cause de l'abolition, de l'égalité raciale et des droits des femmes jusqu'à sa mort en 1883.

« Il y a un grand émoi à propos de l'accès des hommes de couleur à leurs droits, mais pas un mot sur la femme de couleur ; et si les hommes de couleur obtiennent leurs droits, mais que les femmes de couleur n'obtiennent pas les leurs, [...] ça sera tout aussi mauvais que ça l'était auparavant. »

Erin Brockovich

Née en 1960

Empoisonnement • Acharnement • Julia Roberts

Erin Brockovich grandit au sein d'une famille très soudée de Lawrence, au Kansas, dans laquelle elle se forge un caractère bien trempé. Erin est la plus jeune fille d'un père ingénieur industriel et d'une mère journaliste. Ses parents ont toujours pensé qu'elle pouvait faire absolument tout ce qui lui passe par la tête si elle apprenait à concentrer son énergie incroyable. Comme quoi, les parents n'ont pas toujours tort…

Après ses études secondaires, Erin décide d'aller vivre en Californie où elle trouve un emploi en tant que stagiaire en gestion chez K-Mart (l'épicerie) avant de se réorienter vers des études de génie électrique qui ne la passionnent pas longtemps. Le hasard la fait entrer dans le concours de beauté de Miss Pacific Coast. Devinez quoi ? Elle remporte le titre mais réalise que les concours de beauté ne sont pas faits pour elle.

Lorsqu'Erin est gravement blessée dans un accident de la route, elle engage le cabinet d'avocats Masry & Vititoe pour la défendre. Ils gagnent une petite indemnisation, mais elle gagne surtout un travail dans ce même cabinet, ce qui l'arrange plutôt pas mal, puisqu'elle est mère célibataire avec trois enfants à charge. C'est en classant des documents sur une affaire immobilière qu'Erin découvre des dossiers médicaux qui révèlent que la société Pacific Gas & Electric a empoisonné les habitant·e·s de la petite ville de Hinkley pendant plus de trente ans. Elle se met à enquêter seule et minutieusement… Son acharnement donne lieu à un procès historique aux États-Unis.

Preuve est faite que PG & E a laissé en connaissance de cause s'écouler une fuite de produits toxiques dans les eaux souterraines de la ville. En 1996, l'entreprise est contrainte de payer le montant de dommages et intérêts le plus important des États-Unis : 333 millions de dollars pour indemniser les 600 résident·e·s de Hinkley. L'affaire fait grand bruit et sera même adaptée au cinéma, avec Julia Roberts dans le rôle, excusez du peu.

Désormais connue de tous, elle profite de sa notoriété en s'engageant pour de nombreux projets environnementaux à travers le monde.

Véritable héroïne américaine, Erin Brockovich consacre sa vie à dénoncer les injustices et à prêter sa voix à celles et ceux qui n'en ont pas.

« Informez-vous, posez des questions, regroupez-vous avec votre communauté et combattez au niveau local. »

Emma Goldman

1869-1940

Anarchisme • Propagande • Amour libre

Née en 1869 en Lituanie, Emma Goldman émigre aux États-Unis à 16 ans. En 1887, elle assiste – impuissante – à l'exécution des anarchistes de Chicago, accusés sans preuve d'avoir jeté une bombe ayant causé la mort de plusieurs policiers en marge d'une manifestation à Haymarket. Sa prise de conscience des injustices du système capitaliste la fait rejoindre des groupes anarchistes qui militent pour renverser l'ordre social.

Profitant de ses exceptionnels talents d'oratrice, elle devient conférencière et icône de l'anarchisme. Passionnée, elle harangue les foules et les influence par sa parole en sillonnant les États-Unis pour apporter son soutien aux mouvements sociaux et aux personnes injustement incarcérées. « Pas une fois au cours de mes vingt années d'interventions publiques, je ne sus avant la dernière minute si l'on m'autoriserait ou non à parler et si j'allais dormir dans mon lit ou sur une simple planche au poste de police. »

En 1893, alors que la crise frappe durement la population ouvrière de New York, elle prononce un discours à charge contre la municipalité. Elle encourage son auditoire à s'emparer des biens des riches pour ne pas mourir de faim. Ce discours lui vaut la prison. Mais loin de la faire taire, cette expérience l'endurcit. « La prison m'a aidée à découvrir cette force qui dormait en moi, la force de me tenir debout, seule, la force de vivre ma vie et de combattre pour mes idéaux, contre le monde entier si nécessaire. »

Emma et son ami Berkman dénoncent la Grande Guerre et s'y opposent publiquement lorsque les États-Unis s'y engagent. Pour ses prises de parole, Emma est considérée par le directeur du FBI comme « l'une des femmes les plus dangereuses d'Amérique », elle est à nouveau emprisonnée avant d'être exilée en Russie en 1920.

Au gré des visas qu'on lui délivre, Emma arrive à Saint-Tropez qui n'est encore qu'« un pittoresque village de pêcheurs » et y rédige son autobiographie.

Elle choisit l'amour libre, refuse d'être aliénée à un homme et renonce à la maternité, pour mettre toute son énergie au service de son idéal. Selon elle, les femmes doivent conquérir leur liberté elles-mêmes et se libérer des traditions, des préjugés et des vieilles habitudes. Engagée jusqu'à son dernier souffle, elle participe notamment à la révolution espagnole aux côtés des anarchistes avant de s'éteindre à Toronto, en 1940. « Le rempart le plus puissant de l'autorité est l'uniformité ; le moindre écart est le plus grand crime. »

« Aucun changement social réel n'a jamais été provoqué sans une révolution… la révolution n'est que pensée portée à l'action. »

Rosa Parks

1913-2005

Ségrégation • Bus municipal • Droits civiques

Née Rosa Louise McCauley en 1913 en Alabama, elle épouse Raymond Parks à 19 ans et travaille comme couturière. En 1943, Rosa devient membre de l'Association nationale pour l'avancement des gens de couleur (NAACP), et en est la secrétaire jusqu'en 1956.

Le 1er décembre 1955, elle refuse de laisser sa place dans le bus à un homme blanc, ce qui à cette époque est une violation des ordonnances de ségrégation raciale de la ville de Montgomery. « J'étais vraiment fatiguée après cette journée de travail. Mon travail, c'est de fabriquer les vêtements que portent les Blancs. Ça ne m'est pas venu comme ça à l'esprit, mais c'est ce que je voulais savoir : quand et comment pourrait-on affirmer nos droits en tant qu'êtres humains ? Ce qui s'est passé, c'est que le chauffeur m'a demandé quelque chose et que je n'ai pas eu envie de lui obéir. Il a appelé un policier et j'ai été arrêtée et emprisonnée. »

Martin Luther King organise alors un boycott de la compagnie de bus municipale et les Afro-Américain·e·s – environ 70 % des habitant·e·s – répondent favorablement à l'appel. Parallèlement, de nombreuses actions sont menées qui font plier la loi. Le 13 novembre 1956, la Cour suprême des États-Unis déclare inconstitutionnelle la ségrégation raciale, notamment dans les bus de Montgomery.

C'est son acte de résistance, à l'origine du soulèvement, qui donne à Martin Luther King une place de choix sur la scène nationale. Rosa Parks se fait alors connaître comme la « mère du mouvement des droits civiques ».

Elle restera toujours active au NAACP et la Southern Christian Leadership Conference organise chaque année le Rosa Parks Freedom Award en son honneur. En 1987, elle cofonde l'Institut de développement autonome Rosa-et-Raymond-Parks afin de dispenser une meilleure formation professionnelle aux jeunes. Elle reçoit de nombreux prix, notamment la médaille présidentielle de la liberté et la médaille d'or du Congrès. En refusant de céder sa place, Rosa Parks a offert la leur aux droits fondamentaux.

Tiens donc !

En 1955, ce n'était pas la première fois que Rosa Parks se heurtait au chauffeur James Blake. Douze ans plus tôt, elle monte dans le bus bondé et veut payer son billet à l'avant, résistant à la règle en vigueur : les Noir·e·s doivent entrer et sortir par la porte arrière. Elle est restée debout jusqu'à ce que Blake, enragé, tire sur sa manche, pour lui demander d'obéir. Rosa avait alors quitté le bus au lieu de céder.

« Les gens ont toujours cru que je n'avais pas cédé ma place parce que j'étais fatiguée. Ce n'est pas vrai. Je n'étais pas fatiguée physiquement. J'étais surtout fatiguée de devoir capituler. »

Impertinentes !

Jade Hameister : le sandwich comme arme de destruction du patriarcat

En août 2016, à Melbourne, en Australie, après une conférence TEDx pour raconter son périple à ski à travers le pôle Nord, des internautes se moquent de Jade alors âgée de 14 ans. Ils lui proposent d'aller leur « faire un sandwich ». Sous-entendu : « Reste en cuisine au lieu de faire des expéditions ! »

Et c'est ce qu'elle a fait ! Deux ans plus tard, elle poste sur les réseaux sociaux une photo d'elle, présentant un sandwich jambon fromage… au pôle Sud ! « Je vous ai fait un sandwich, maintenant skiez 600 km pendant 37 jours pour venir le manger. »

Jade Hameister, en résumé :

→ plus jeune personne à avoir skié jusqu'au pôle Nord.

→ jeune aventurière de l'année 2016 pour l'*Australian Geographic Society*.

→ plus jeune femme à avoir traversé le Groenland sans assistance.

→ plus jeune personne à avoir atteint les deux pôles, Nord et Sud.

Etc., etc., etc. Et le tout en sachant faire des sandwichs… ça calme.

Waris Dirie

Née en 1965

Mutilation génitale • Top model • Droits humains

Waris naît en 1965 au sein d'une famille de nomades dans le désert somalien. À seulement 5 ans, elle est victime de mutilation génitale. Cet acte barbare concerne les femmes du monde entier dans les sociétés musulmanes et chrétiennes.

À 13 ans, Waris échappe de justesse à un mariage forcé, elle fuit alors son pays et arrive à Londres où elle travaille d'abord comme femme de ménage, puis chez McDonald's.

C'est à 18 ans que sa vie connaît un tournant quand elle rencontre le photographe Terence Donovan qui l'engage pour le calendrier Pirelli ; c'est le début de sa carrière de mannequin international.

Elle emménage à New York et devient la première top model africaine à signer un contrat exclusif avec Revlon Cosmétiques. Elle fait la couverture des plus grands magazines. Au cinéma, elle incarne la « James Bond Girl » dans *Tuer n'est pas jouer*. La BBC va même réaliser un documentaire sur sa vie : *Une nomade à New York*.

Waris décide alors de parler du rituel de l'excision qu'elle a subi et de raconter son histoire lors d'une interview pour l'édition américaine de *Marie Claire*. Son témoignage engendre une vague de compassion et une prise de conscience internationale.

Pour son engagement et son travail, elle reçoit de nombreux prix et distinctions à travers le monde et est nommée « ambassadrice de bonne volonté » dans la lutte contre les mutilations génitales féminines par le Secrétaire général de l'ONU, Kofi Annan. Elle donne des conférences, rencontre aussi bien des présidents que des stars pour sensibiliser l'opinion publique au sujet de ces violences subies par 8 000 femmes et filles chaque jour.

En 2002, Waris crée la Waris Dirie Foundation qui devient Desert Flower Foundation en 2010. Les membres – dont Leyla Hussein (page 158) – sont des hommes et des femmes engagé·e·s pour l'égalité des sexes et pour le respect des droits humains.

« Pendant 4 000 ans, des cultures africaines ont permis que les femmes soient mutilées. Cette tradition répandue dans beaucoup de pays musulmans, bien des gens croient que le Coran l'exige. Et pourtant ce n'est pas le cas [...]. Cette coutume n'est encouragée et exigée que par les hommes – des hommes ignorants et égoïstes [...]. Il n'y a pas de raison à la mutilation de millions de petites filles chaque année, sinon l'ignorance et la superstition. Par contre, la douleur, la souffrance et la mort qui en résultent sont des raisons plus que suffisantes pour que cette pratique disparaisse. »

« Ni le Coran ni la Bible ne mentionnent
qu'il faut mutiler les femmes pour plaire à Dieu. »

Violette Szabo

1921-1945

Bagarre • Sabotage • Résistance

Née Violette Reine Elizabeth Bushell en 1921 à Paris, éduquée à Londres, cycliste, bonne gymnaste, elle excelle dans tout ce qui nécessite de la force physique. Son père lui apprend à tirer dans les fêtes foraines. En 1940, à l'occasion du 14 Juillet, l'armée française libre défile à Londres. La mère de Violette l'envoie à la recherche d'Étienne Szabo, un soldat français, pour l'inviter à dîner. Cinq semaines après, Violette et lui se marient.

Elle rejoint ensuite le Service de transport auxiliaire (ATS), une branche féminine de l'armée britannique. En 1942, la terrible nouvelle de la mort d'Étienne au front la convainc de s'engager dans la guerre en tant qu'espionne. Parfaitement bilingue, elle est la candidate idéale, très appréciée du British War Office. En tant qu'agent, elle est formée au sabotage et au saut en parachute. On lui enseigne le combat à mains nues et elle fait ses preuves au maniement des armes, devenant une experte des canons. Elle est prête à mourir en se battant si elle peut emmener des Allemands dans son trépas.

Sa première mission en France a lieu en 1944, lorsqu'elle se rend comme messagère de Paris à Rouen à la recherche de membres non capturés d'un groupe de la Résistance qui s'est dispersé. L'objectif rempli, elle est ensuite parachutée sur Paris alors occupée et doit coordonner des groupes d'espions de la Résistance française avec le chef du mouvement souterrain local, dont le nom de code est « Anastasia » ; ses ordres sont de le protéger à tout prix. Un jour qu'elle et lui rencontrent une patrouille de la Gestapo, Violette et Anastasia quittent leur voiture et commencent à courir. Les Allemands tirent sur le bras de Violette, mais elle continue de courir, se retourne et tire à son tour jusqu'à manquer de munitions. Les nazis l'arrêtent et l'emprisonnent à Limoges. Interrogée pendant des heures, elle ne révèle rien. Ils l'envoient ensuite à Fresnes, où elle est placée sous haute surveillance, interrogée puis torturée.

En août 1944, quand les Alliés se dirigent vers Paris, les nazis évacuent leurs prisonnier·ère·s et les déportent en Allemagne. Elle arrive à Ravensbrück, le camp de concentration de femmes le plus redouté. Le 5 février 1945, Violette est exécutée d'une balle dans la nuque. En 1981, une plaque bleue commémorative est installée sur la maison londonienne où Violette a vécu avec ses parents et sa fille : « Elle a donné sa vie pour la Résistance française. »

« La plus courageuse de nous toutes. » Odette Churchill.

Françoise Héritier

1933-2017

Parenté • Représentations • Inégalités

Françoise Héritier naît en 1933 et, très jeune, elle s'interroge sur les différences entre les hommes et les femmes au sein de sa propre famille.

Après des études d'histoire, de géographie et d'ethnologie, elle décide de partir en 1958 en Afrique-Occidentale. Elle se spécialise alors sur les questions d'alliance, d'inceste, de corps, de violence mais aussi sur la parenté : fruit de cultures et de constructions symboliques et non générée par une nature biologique.

Parmi ses travaux les plus brillants, on peut compter son étude des fondements universels de la domination masculine qu'elle détaille en deux volumes : *Masculin/Féminin I : La pensée de la différence* et *Masculin/Féminin II : Dissoudre la hiérarchie*. Elle décrit de manière scientifique qu'il ne revient pas qu'aux femmes de transformer les représentations et les injonctions dont elles sont les victimes, mais que femmes et hommes doivent ensemble transformer la vision masculine du monde. Selon elle, il faut convaincre les hommes de s'attaquer aux représentations dont ils sont à la fois bénéficiaires et victimes.

Toute sa vie et ses recherches auront été consacrées aux inégalités homme/femme, au sein de la famille, dans la division du travail, dans le contrôle des naissances ou dans l'espace public. « Lorsque les positions des sexes ne seront plus conçues en termes de supériorité et d'infériorité, l'homme gagnera des interlocuteurs : il parlera avec les femmes d'égal à égal. Alors, les hommes n'auront plus honte de leur part dite "féminine", où s'expriment, selon la norme socialement convenue, les émotions et les affects. »

Elle entre au CNRS en 1967 avant de prendre la succession de Claude Lévi-Strauss au prestigieux Collège de France en 1982. Elle préside également le Conseil national du sida et reçoit le grade de grand officier de la Légion d'honneur.

Anthropologue, ethnologue et féministe de renommée internationale, Françoise Héritier décède le 15 novembre 2017, le jour de ses 84 ans, léguant une multitude de précieux écrits et de messages fondamentaux pour les générations futures : « La seule manière de sortir de la violence consisterait à prendre conscience des mécanismes de répulsion, d'exclusion, de haine ou encore de mépris afin de les réduire à néant grâce à une éducation de l'enfant relayée par tous. »

« Il faut bien comprendre qu'être différent ne veut pas dire être inégal. »

Isadora Duncan

1877-1927

Danseuse • Grèce antique • Foulard

Isadora Duncan naît en 1877 à San Francisco, en Californie. Elle est élevée par sa mère, professeure de musique. Enfant, elle se met à se déplacer et à s'exprimer par des mouvements rythmiques organiques. C'est une approche commune chez les enfants, mais Isadora ne va pas s'arrêter là… « Petite fille, je m'échappais souvent seule dans les bois ou au bord de la mer, et je dansais. À cet âge-là, j'avais l'impression que mes chaussures et mes vêtements n'étaient qu'une gêne. Alors je les ôtais. Et loin de tout regard, je dansais nue au bord de la mer. »

À 12 ans, elle s'improvise professeure de danse pour les enfants du quartier. C'est alors qu'elle embrasse une carrière de danseuse, en rejetant les codes du ballet classique. Sans tutu ni chaussons, elle va se produire pieds nus, à peine couverte de voiles, libérant la danse en dévoilant son corps. Elle interprète en mouvements, à sa manière, des œuvres de grands compositeurs comme Brahms, Wagner et Beethoven. Lors de ses premières représentations publiques elle rencontre davantage d'incompréhension que de succès.

Mais c'est en étudiant les sculptures de la Grèce antique au British Museum qu'elle va confirmer toute son inspiration, l'essence de son art et son émancipation. Elle réalise que, d'instinct, elle développe le renouveau de ce qui existait déjà. « Je me suis inspirée du mouvement des arbres, de celui des vagues et de la neige […]. Je mets toujours dans mes mouvements de danse un peu de cette continuité divine qui confère de la vie et de la beauté à l'ensemble de la Nature. »

Le succès arrive en Europe où elle se produit dans des théâtres et salles de concert bondées. En 1905, pendant sa première tournée en Russie, Isadora impressionne grandement le chorégraphe Michel Fokine et le critique d'art Serge Diaghilev.

Elle pose les jalons de la danse moderne puis contemporaine telle qu'on la connaît aujourd'hui. Isadora crée des écoles de danse en Allemagne, en Russie et aux États-Unis. Pédagogue hors pair, elle va y enseigner sa philosophie de la danse, loin des carcans et circuits classiques.

Sa mort tragique survient à Nice, en 1927, lorsque son foulard se coince dans la roue de sa voiture. Étranglée sur-le-champ, morte sur le coup.

Durant toute sa carrière, Isadora réfute les aspects commerciaux des performances publiques ; elle voit les tournées et les contrats comme autant de distractions de sa vraie mission : la création de la beauté et l'éducation des jeunes.

« La nudité c'est la vérité, c'est la beauté, c'est l'art. »

Sœur Emmanuelle

1908-2008

Religieuse • Bidonvilles • Franc-parler

Née en 1908 à Bruxelles d'un père français et d'une mère belge, Madeleine Cinquin prend le nom de sœur Emmanuelle en prononçant ses vœux à 22 ans, après des études de philosophie. Elle devient religieuse dans la congrégation Notre-Dame-de-Sion, et consacre sa vie ecclésiastique à l'enseignement des Lettres pendant près de quarante ans.

Mais c'est au moment de prendre sa retraite qu'elle trouve sa voie après un périple dans les pays méditerranéens. Sœur Emmanuelle découvre Alexandrie et sent qu'elle a un rôle à jouer en Égypte. En 1971, à 62 ans, elle s'engage auprès des chiffonnier·ère·s du Caire, choquée par leurs conditions de vie.

Elle partage le quotidien des plus démuni·e·s et s'installe à Ezbet-El-Nakhl, un des bidonvilles les plus pauvres, auprès des familles qui vivent de la collecte et du traitement des déchets. L'énergie et la force de caractère de sœur Emmanuelle la poussent à améliorer le sort de cette communauté oubliée. Elle passe avec celle-ci plus de vingt ans, à faire construire des écoles et des dispensaires.

En 1980, pour pouvoir aider davantage de personnes, elle fonde l'Association sœur Emmanuelle (Asmae), laïque et apolitique, pour trouver les ressources nécessaires à ses projets.

Son action rayonne alors dans d'autres pays avec toujours le même but : rendre la dignité et la confiance aux plus démuni·e·s.

En 1991, elle est également distinguée à de nombreuses reprises pour l'exemplarité de sa vie (officière de l'Ordre de Léopold, grande officière de la Légion d'honneur puis élevée au grade de commandeur de la Légion d'honneur).

Deux ans plus tard, sœur Emmanuelle rentre en France mais continue ses actions tout en encourageant l'engagement toujours plus important de bénévoles. Sœur Emmanuelle écrit également des livres afin d'expliquer sa volonté solidaire et sa foi. Parallèlement aux conférences et rencontres, elle fait des apparitions télévisées où son sourire et son franc-parler marquent les esprits.

Après avoir consacré sa vie aux plus vulnérables, celle que l'on nommait « La petite sœur des pauvres » s'éteint quelques jours avant ses 100 ans à Callian, dans le sud de la France.

Sa vie entière a été consacrée aux plus vulnérables à travers le monde. Dix ans après son décès, Asmae compte plus de 51 000 bénéficiaires à travers 8 pays et 68 projets.

« Regarder l'autre, l'écouter, lui sourire, s'intéresser à lui, d'après moi, c'est le commencement de l'être humain. »

Françoise Giroud

1916-2003

Cinéma • L'Express • Condition féminine

Léa France Gourdji naît en 1916 à Lausanne. À 14 ans, un diplôme de dactylo en poche, elle commence à travailler en tant que vendeuse dans une librairie parisienne avant de devenir secrétaire d'André Gide.

Elle rencontre ensuite un réalisateur, Marc Allégret, ami de ses parents, qui l'encourage à travailler dans le cinéma. Elle devient scripte puis assistante metteuse en scène, co-scénariste et scénariste.

À 22 ans, elle commence à travailler pour la radio sous le pseudonyme de Françoise Giroud, qui deviendra son vrai nom en 1964.

Débute alors sa carrière de journaliste qui s'interrompt en 1942 à Paris quand sa sœur lui demande de devenir agente de liaison dans la Résistance. Un an plus tard, elle est arrêtée par la Gestapo et incarcérée. Par chance, elle échappe à la déportation.

Après la guerre, Hélène Lazareff lui propose de participer à la création du magazine *Elle*. Françoise en devient la directrice de rédaction de 1946 à 1953.

Brillante, charismatique et ambitieuse, elle va ensuite prendre un risque de taille en fondant *L'Express* en 1953 avec Jean-Jacques Servan-Schreiber, le premier magazine hebdomadaire d'actualité français ! Le magazine devient la nouvelle référence de la presse nationale en faisant émerger une nouvelle génération de journalistes, et une nouvelle façon de traiter l'actualité. Elle s'entoure alors d'intellectuel·le·s qui y participent (Sartre, Aragon, Beauvoir, Camus...).

En 1974, elle est nommée par le président Valéry Giscard d'Estaing à la tête du secrétariat d'État à la Condition féminine, elle y propose 101 mesures pour améliorer les conditions de vie des femmes en France. « Les hommes ont superbement pratiqué cette séparation à laquelle ils tiennent tant, entre leur femme – devoir, maternité, angélisme, migraine – et les femmes – plaisir, putains, enfer, mystère... »

Après son passage en politique, elle écrit plus de trente ouvrages (romans, biographies, recueils, essais). En 1983, elle revient au journalisme pour *Le Nouvel Observateur* et à la critique littéraire pour *Le Journal du dimanche* et *Le Figaro*.

Commandeure de la Légion d'honneur et de l'Ordre national du Mérite, Françoise s'éteint le 19 janvier 2003. Dans son roman *Arthur ou le Bonheur de vivre*, elle glisse cette épitaphe : « Je veux que, de ma dépouille réduite en cendres, on fasse de l'engrais pour les fleurs. De la poussière de femme qui nourrit les roses... »

#ViragINA
Les 101 mesures de Françoise Giroud

« La femme serait vraiment l'égale de l'homme le jour où, à un poste important, on désignerait une femme incompétente. »

Mary Wollstonecraft

1759-1797

Éducation • Traduction • Scandales

Mary Wollstonecraft naît en 1759 à Londres. Fille d'agriculteur, elle travaille à la fois comme institutrice et comme gouvernante.

En 1788, elle devient traductrice pour l'éditeur James Johnson, qui publie par la suite plusieurs de ses œuvres. Forte de ses expériences professionnelles, elle écrit dès 1787 *Pensées sur l'éducation des filles* puis *Histoires originales tirées de la vie réelle assorties de conversations destinées à régler les sentiments et à former l'esprit à la vérité et à la bonté*, un recueil de contes didactiques pour enfants.

En 1792 elle quitte l'Angleterre pour observer la Révolution française à Paris où elle s'installe avec un Américain, le capitaine Gilbert Imlay.

La même année, elle publie *La Défense des droits de la femme*, l'une des œuvres pionnières du féminisme actuel. L'ouvrage affirme que le système éducatif forme délibérément les femmes à devenir « frivoles et incapables ». Il ouvre la voie à d'autres féministes qui lancent des appels analogues en faveur d'une meilleure éducation, pour donner aux filles les mêmes avantages qu'aux garçons.

Le travail de Mary Wollstonecraft est unique pour l'époque et suggère que l'amélioration du statut des femmes passe par un changement politique radical qui pourrait profiter à la société tout entière. La preuve, comme elle le dit elle-même, qu'on ne saurait « donner un sexe à l'esprit ».

En 1795, désemparée par sa rupture avec Imlay, elle tente de se suicider. Cet heureux échec la fait rentrer à Londres pour travailler de nouveau pour Johnson et rejoindre un groupe radical et influent réuni chez lui (dont William Godwin, Thomas Paine, Thomas Holcroft et William Blake).

Peu après, elle épouse Godwin. Leur mariage se veut en tout point équitable – notion tout à fait contre-culturelle à l'époque – et il en naîtra une fille, Mary Shelley.

La vie de Mary Wollstonecraft a fait l'objet de plusieurs biographies, mais celles écrites au XIXe siècle ont tendance à mettre l'accent sur les aspects « scandaleux » de sa vie sentimentale et non sur son travail. *Oh! what a surprise!*

Tiens donc !

Mary est décédée seulement onze jours après la naissance de sa deuxième fille, Mary Wollstonecraft Shelley, romancière devenue célèbre pour avoir écrit *Frankenstein*.

« Je demande haut et fort la justice pour une moitié de la race humaine. »

Vera Rubin

1928-2016

Astronomie • Matière noire • Nouveau monde

Vera Florence Cooper naît en 1928 en Pennsylvanie. Elle s'intéresse à l'astronomie dès son plus jeune âge en observant les étoiles à travers la fenêtre de sa chambre. Son père l'aide à construire son propre télescope et l'emmène régulièrement à des réunions d'astronomes amateurs. On ne lui demande pas ce qu'elle veut faire quand elle sera grande, hein, on a capté.

En 1948, elle décroche son diplôme au Vassar College puis une maîtrise à l'université Cornell – où elle rencontre son futur mari, Robert Rubin – et conclut par un doctorat à l'université de Georgetown en 1954.

Les premiers travaux de Vera n'ont pas tout de suite été acceptés par ses collègues scientifiques. Ses thèses ont des sujets plus qu'originaux et les conclusions révolutionnaires sont difficiles à accepter pour la communauté scientifique.

En 1933, Fritz Zwicky avait émis l'hypothèse de l'existence de la matière noire… rejetée, faute de preuves. Mais les recherches de Vera, quarante ans plus tard, vont étayer sa théorie. Elle s'associe à Kent Ford, un astronome qui a développé un spectromètre avancé, et, ensemble, elle et lui découvrent que les étoiles extérieures d'une galaxie spirale tournent aussi vite que celles du centre, ce qui laisse penser qu'il doit y avoir autre chose dans la galaxie qui génère une gravité supplémentaire.

Cette observation fournit enfin des preuves convaincantes de l'existence d'une matière noire, probablement la découverte la plus marquante de l'histoire de l'astronomie. « Nous avons regardé dans un nouveau monde et nous avons constaté qu'il est plus mystérieux et plus complexe que nous ne l'avions imaginé. »

Elle est ensuite élue à l'Académie nationale des sciences, continue d'explorer l'Univers au Carnegie Institute, et détaille plus de 200 galaxies.

« Je vis et je travaille en partant des trois principes suivants :
1. Il n'existe aucun problème scientifique qu'un homme peut résoudre et qu'une femme ne pourrait pas ;
2. À l'échelle de la planète, la moitié des neurones appartiennent aux femmes ;
3. Nous avons tous besoin d'une permission pour faire de la science, mais, pour des raisons profondément ancrées dans l'histoire, cette permission est plus souvent accordée aux hommes qu'aux femmes. »

Vera Rubin quitte notre monde pour rejoindre l'infini en 2016 et laisse un message pour les générations futures : « Chacun de vous peut changer le monde, car vous êtes faits de matière d'étoile, et vous êtes connecté à l'Univers. »

« La science progresse mieux lorsque les observations nous obligent
à modifier nos idées préconçues. »

Ambitieuses !

Katie Bouman : photographier l'invisible !

À 29 ans, sa contribution essentielle à la première observation directe du trou noir supermassif M87 et à sa photographie fait d'elle le symbole de cette découverte historique ! Mais ça, tout le monde n'est pas prêt à l'entendre. Katie Bouman a mené les recherches autour de l'algorithme qui a déterminé la formation de l'image. Mise en avant par le MIT (Massachusetts Institute of Technology, l'une des meilleures universités du monde), elle a subi des vagues de commentaires haineux sur les réseaux sociaux, dénonçant une imposture.

Mais comment ça ? Une femme ? Jeune ? Chercheuse ? Talentueuse ? Hum, ça fait peut-être beaucoup pour les adeptes de l'effet Matilda (page 39).

Et si l'aboutissement de ses travaux est un travail d'équipe… c'est bel et bien une équipe menée par Katie Bouman qui a permis la création du nouvel algorithme !

Gageons que si la passion de Katie est de « trouver des façons de voir ou de mesurer ce qui est invisible », sa carrière scientifique ne le restera pas !

Dihya ou Kahena

664-c.704

Sorcière • Chameaux • Terre brûlée

Dihya, de son vrai nom Daya Ult Yenfaq Tajrawt – mais les historiens arabes de l'époque préfèrent la surnommer Kahena, « La sorcière » –, naît vers 664 au nord-est de l'actuelle Algérie. Au moment des grandes conquêtes arabes, elle voit différents califes prendre le contrôle de l'Égypte et d'une bonne partie de la Libye. Elle reçoit une éducation militaire et, très jeune, elle se bat aussi bien que n'importe quel guerrier.

À la mort de son père, elle prend la tête de sa tribu et se bat aux côtés du roi d'Altava à qui elle succède également, après son trépas sur un champ de bataille. Son trépas à lui, pas à elle. Sinon ce texte serait très, très court. Son pouvoir s'étend alors de l'Est algérien jusqu'à la Libye, en passant par la Tunisie.

Le premier fait d'armes notable de Dihya est ce qu'on appelle « la bataille des chameaux », en 698. Le pouvoir omeyyade, qui vient de conquérir Carthage, veut s'étendre sur les terres de la reine. Consciente de la puissance de son ennemi et de son avantage numérique, elle parvient malgré tout à le vaincre grâce à une technique... peu habituelle.

Elle attend le général ennemi, qui est persuadé de sa victoire, sur les bords de la rivière oued Nini. Celui-ci s'avance avec son armée, face à Dihya et sa cavalerie, pour donner la charge finale. Malheureusement pour les combattants omeyyades, ils ne remarquent pas les bataillons d'archers dissimulés derrière les chameaux. Une pluie de flèches les cueille, brise leur ligne et les oblige à fuir. L'armée de « la sorcière » les force alors à reculer jusqu'en Cyrénaïque, aux confins du royaume.

La reine Dihya anticipe le retour vengeur de ses adversaires et applique alors la tactique de la terre brûlée ; elle va incendier sa propre capitale, Baghaï, misant sur sa mobilité et sur l'impossibilité pour ses ennemis de se ravitailler dans ce paysage devenu aride et difficile.

Sa stratégie n'est malheureusement pas comprise de tou·te·s et certaines tribus se désolidarisent. Au retour de l'envahisseur vers 704, les armées de Dihya sont défaites. La reine, blessée, succombe.

Sans défense, le Maghreb est envahi par les armées omeyyades, et même les royaumes wisigoths d'Espagne. Mais la légende de Dihya ne s'arrête pas là puisque, bien des siècles plus tard, elle devient l'une des figures privilégiées des auteurs et autrices des XXe et XXIe siècles, et les mères berbères content encore les exploits de Dihya à leurs filles.

La fierté populaire qui émane de son histoire légendaire en fait l'une des reines guerrières les plus redoutées !

« La Kahena est probablement la figure la plus célèbre et aussi la plus mal connue de l'histoire de la résistance berbère à la conquête arabe au VIIe siècle. » Yves Modéran.

Annie Kopchovsky

1870-1947

Bicyclette • Publicité • Tour du monde

À la fin du XIXe siècle, la bicyclette est au sommet de sa popularité, mais beaucoup d'hommes sont convaincus qu'elle présente un danger pour la santé physique et mentale des femmes. Mauvaise pour leurs cheveux, leur teint, leur féminité, et pire encore : selon certains médecins « le cyclisme chauffe le sang et devient un perturbateur des organes internes ». En 1894, Annie Cohen Kopchovsky a vingt-trois ans. Mariée, mère de trois enfants, elle va utiliser sa bicyclette pour faire avancer la condition féminine aux États-Unis !

Le 25 juin, devant les marches du Parlement de Boston, sans un sou en poche et pour tout bagage quelques vêtements de rechange et un revolver à manche de nacre, Annie déclare devant une foule d'environ cinq cents personnes qu'elle part faire le tour du monde sur sa bicyclette ! Elle part pour quinze mois et laisse ses trois enfants de 5, 3 et 2 ans à son mari.

Annie est rusée, débrouillarde et c'est une communicante brillante. Payée cent dollars pour apposer sur son vélo un panonceau publicitaire pour une marque d'eau minérale, elle accepte même d'en prendre le nom pour quelques dollars de plus, et devient, le temps du périple, Annie Londonderry.

De Boston, elle s'élance vers New York sur sa bicyclette à pignon fixe qui pèse environ 20 kg, et qui est très pénible à conduire. Partie en robe longue et sur un vélo de femme, Annie change en cours de route : bloomer et bicyclette masculine – plus légère, plus maniable, mais sans frein !

De New York, elle embarque pour Le Havre, puis roule direction Paris et Marseille où elle embarque à bord d'un bateau à vapeur en janvier 1895. S'ensuivent Alexandrie, Colombo, Singapour, Saigon, Hong Kong, Shanghai et Nagasaki.

Quelques mois plus tard, Annie Londonderry arrive à San Francisco et entame alors son retour vers Chicago en prenant la direction de Los Angeles, à travers l'Arizona, le Nouveau-Mexique et le Texas. Tout au long du parcours, elle donne des conférences pour raconter son périple et attire des foules de plus en plus nombreuses. Si le temps a prouvé qu'Annie a volontairement truffé son périple d'anecdotes plus ou moins crédibles, une chose est sûre, ce voyage a bien eu lieu. Elle atteint Chicago, terminus de son voyage, le 12 septembre 1895. S'ensuit un silence médiatique, jusqu'à sa mort en 1947, et le souvenir de ce que le *New York World* a appelé « le voyage le plus extraordinaire jamais entrepris par une femme » a disparu avec elle.

« Je suis une journaliste et "une femme moderne"
si ce terme signifie que je peux faire tout ce qu'un homme peut faire. »

Elizabeth Blackwell

1821-1910

Vocation • Blague • Médecine

Elizabeth Blackwell est née en Angleterre, en 1821. Elle et sa famille émigrent aux États-Unis pour ses 11 ans. Quelques années plus tard, son père décède, laissant sa femme et ses neuf enfants en grande difficulté. Pour faire vivre la famille, Elizabeth et ses sœurs commencent à enseigner mais sa véritable vocation voit le jour lorsqu'une amie de la famille tombe gravement malade. Persuadée qu'elle aurait reçu un traitement plus attentionné de la part d'une femme, Elizabeth s'engage à suivre une formation pour devenir médecin.

Après avoir postulé auprès de nombreux collèges de médecine et essuyé quasiment autant de refus, la direction d'une faculté, supposant que l'ensemble des étudiants ne tolérerait pas qu'une femme rejoigne leurs rangs, leur demande de voter. Pour la « blague », ils votent « oui » et Elizabeth est admise en 1847, devenant deux ans plus tard la première femme à être diplômée d'une école de médecine américaine.

Elizabeth travaille ensuite dans des cliniques à Paris et à Londres avant d'apprendre la profession de sage-femme.

Mais c'est lorsqu'elle perd la vue d'un œil, suite à une ophtalmie purulente, qu'elle décide de devenir chirurgienne !

À partir de 1851 elle installe un cabinet médical à New York puis ouvre son propre dispensaire. Sa sœur Emily, également diplômée de médecine, la rejoint et inaugure « l'infirmerie pour femmes et enfants de New York ».

Au cours d'un voyage en Angleterre en 1859, elle devient la première femme à s'être inscrite sur le registre médical de l'ordre des médecins britanniques.

Entre les années 1860 et 1870, Elizabeth continue de soutenir en Grande-Bretagne l'acceptation des femmes en médecine. En Amérique, elle crée même une école pour femmes, liée à son hôpital. Elle fonde la National Health Society en 1871 dans le but de sensibiliser la population aux avantages de l'hygiène et d'un mode de vie sain. Mieux vaut prévenir que guérir !

Au cours des quarante années suivantes, elle s'implique dans plusieurs mouvements de réforme, notamment moraux, sur l'hygiène et l'éducation médicale, la médecine préventive, la planification familiale, le suffrage des femmes. Elizabeth Blackwell meurt en 1910, en ayant vu, en vingt ans, le nombre de femmes médecins au Royaume-Uni passer de 25 à 495 !

« Si les arrangements actuels de la société ne permettent pas le libre développement des femmes, alors la société doit être remodelée et adaptée aux grands besoins de l'humanité. »

Clémence Royer

1830-1902

Anticléricalisme • Théorie de l'impôt • Darwinisme

Est-elle, comme le disait l'historien Ernest Renan, un « homme de génie » ?

Clémence Royer voit le jour à Nantes en 1830. À 17 ans, orpheline de père et sans dot, elle part dans un collège du pays de Galles pour enseigner le français et le piano. En 1853, elle s'installe en Suisse et, grâce à la bibliothèque ambulante de Lausanne, elle forge sa culture générale et scientifique tout en écrivant un roman philosophique, *Les Jumeaux d'Héllas*, interdit en France à cause de son anticléricalisme. La même année, elle remporte avec Proudhon le premier prix du concours sur la « théorie de l'impôt » en défendant un impôt direct, unique et proportionnel. Voilà qui accroît la célébrité de cette autodidacte ; elle prend toute tribune qu'on lui offre, que ce soit dans la presse francophone ou à travers des conférences qu'elle donne à l'international.

Militante pour l'instruction des femmes, elle ouvre en 1859 à Lausanne un cours de philosophie qui leur est destiné. Clémence est également l'autrice d'une *Histoire de la philosophie de l'évolution*, d'*Études de physique générale*, d'une *Physique du globe* et d'une *Constitution du monde*. Tour à tour, la chercheuse écrit sur la préhistoire, l'ethnosociologie, l'éthique et la théogonie.

Elle est la première traductrice de *L'Origine des espèces* de Darwin, l'annote, le commente et veut pousser sa thèse plus loin en y ajoutant quarante pages de préface. Après en avoir reçu un exemplaire, il dira d'elle : « Mlle Royer doit être une des plus intelligentes et des plus originales femmes en Europe. »

En plus de ce travail scientifique, Clémence, en avance sur les mœurs de son temps, pense une nouvelle structure familiale où les femmes pourraient se regrouper pour élever les enfants. Elle interroge la possibilité pour la mère de transmettre son nom, et même le mariage par contrat ou à l'essai, reconductible ! On vous la fait courte mais la liste est longue. Marguerite Durand (page 40) ouvre même à cette libre penseuse les colonnes de *La Fronde*.

Le 10 mars 1897, les féministes, scientifiques, philosophes, journalistes et académiciens qui réclament pour elle la Légion d'honneur, lui offrent un banquet. Elle déclare en cette occasion : « On me remercie comme si j'avais sauvé le monde. Par ma foi, ce serait bien beau d'y avoir contribué. »

« Je cueille à pleines mains les fruits de l'arbre de la science pour les offrir à tous ceux qui en veulent, et non pas seulement à un Adam imbécile qui n'osait y toucher. »

Alice Guy

1873-1968

Chronophotographe • Réalisatrice • Solax

Alice Guy naît en 1873 à Saint-Mandé. À 22 ans, elle devient secrétaire de Léon Gaumont, ravie d'exercer dans un monde où le cinéma voit le jour. Elle assiste aux toutes premières représentations cinématographiques des frères Lumière. À l'époque, ils tendaient un drap blanc au mur et projetaient des scènes de rues, des trains qui entrent en gare, des choses du quotidien.

Mais Alice, en tant que fille de libraire qui a grandi baignée dans les histoires, pense qu'il faudrait en écrire une pour la filmer ensuite ; de là naît le scénario cinématographique. Alice demande alors à Gaumont si elle peut se hasarder à l'exercice et il accepte à condition que « son courrier n'en souffre pas ».

En 1896 naît le premier film de fiction du monde, *La Fée aux choux*, dont elle est à la fois autrice et réalisatrice. Elle prend alors une place un peu plus importante dans la société. Avec le temps et l'accumulation de ses tournages, elle est de moins en moins secrétaire et de plus en plus cinéaste.

Dès 1901, Alice expérimente des formats plus longs, et crée des astuces cinématographiques pour obtenir des effets : la double exposition, faire tourner le film à l'envers… Elle va même réaliser des images sonores vingt ans avant le cinéma parlant !

Alice part ensuite aux États-Unis pour représenter Gaumont qui veut s'étendre outre-Atlantique et, en 1910, elle crée son propre studio, Solax – dans le New Jersey, capitale du cinéma bien avant Hollywood –, qui devient deux ans plus tard le plus grand du pays, et elle, la femme la mieux payée des États-Unis. Elle impressionne par ses mises en scène soignées et spectaculaires, ainsi que par sa faculté à créer des décors pour tourner en extérieur. Alors que la plupart des réalisateurs utilisent des maquettes, Alice fait, par exemple, exploser un vrai bateau pour les besoins d'un film de pirates.

En tout, Alice Guy a réalisé, scénarisé et produit près de 700 films, dont la plupart ont été attribués à des hommes. Alice Guy n'en reste pas moins la première femme cinéaste et une pionnière du cinéma de fiction.

Tiens donc !

En 1946, Georges Sadoul publie *L'Histoire générale du cinéma* en six volumes, un travail historiographique pionnier qui va faire foi pour les historiens, étudiants, critiques, universitaires. Alice Guy n'y figure presque pas. Il avait vu un ancien employé de chez Gaumont qui avait présenté les films d'Alice comme les siens. Quand elle s'en est insurgée, il a répondu : « Qu'est-ce que vous voulez, c'est aussi par ouï-dire qu'un historien écrit l'histoire. »

Virago #24

« Aussi longtemps qu'une femme reste à ce qu'ils appellent "sa place", elle ne subit aucune vexation, mais qu'elle assume les prérogatives généralement accordées à ses frères, on la regarde aussitôt de travers. »

Helen Keller

1880-1968

Congestion cérébrale • Philanthropie • Diplôme historique

Helen Keller naît en 1880, en Alabama. À 18 mois, elle est victime d'une congestion cérébrale qui la rendra sourde et aveugle.

Ses parents sont terrifiés, car Helen est plongée dans son monde sans aucun moyen de communiquer avec l'extérieur. Ils entament un tour des États-Unis des médecins spécialisés, qui sont unanimes : pas d'opération possible, pas de traitement. C'est alors qu'ils entendent parler du Dr Alexander Graham Bell (avant d'inventer le téléphone, il s'occupait d'enfants handicapé·e·s), qui serait capable de l'éduquer pour la sortir de sa vie « sauvage ». Bell envoie Anne Sullivan, Annie, une jeune éducatrice de 20 ans, elle-même déficiente visuelle.

Helen a 6 ans quand Annie s'installe dans la maison familiale et s'isole avec elle pour travailler. Un jour, elle lui passe la main sous l'eau d'une fontaine, et lui écrit le mot « eau » dans la paume.

C'est le déclic ! Helen comprend le procédé et, grâce au goût, au toucher et à l'odorat, tout un monde s'ouvre à elle. Le jour même, elle apprend 30 mots ! En six mois, elle en apprend 600 ! À 10 ans, elle sait écrire, taper à la machine et maîtrise le braille. C'est à partir de ce moment qu'elle décide de parler... et elle apprendra sept langues ! Ses progrès sont relayés dans la presse locale, puis nationale et conduisent Mark Twain, l'auteur de *Tom Sawyer* (entre autres), à lui payer des études. Toujours assistée d'Annie, elle est la première handicapée à décrocher un diplôme universitaire en art au prestigieux Radcliffe College, avec les félicitations du jury !

À 20 ans, on lui demande d'écrire son autobiographie : *The Story of My Life* sera traduit dans plus de cinquante langues ! Sa notoriété lui fait rencontrer Einstein, Chaplin, Kennedy, Roosevelt, Eisenhower... Elle réunit de grosses sommes d'argent pour des associations, dont la sienne : l'American Foundation for the Blind. Helen est influente et chaque pétition signée, chaque avis politique est suivi par la presse et par l'ensemble de ses admirateurs et admiratrices.

En 1936, Anne Sullivan s'éteint, après 49 ans passés auprès d'Helen. Jusqu'à sa mort en 1968, Helen fera tout pour aider les handicapé·e·s, défendre la cause des Noir·e·s, favoriser le droit des femmes, et protéger les ouvrier·ère·s et les opprimé·e·s en général.

Elle nous laisse une dizaine d'ouvrages et d'articles, et le souvenir ému d'une incroyable intelligence car, même coupée du monde – à défaut de ses yeux – elle a gardé son cœur grand ouvert.

Virago #4

« Tout a ses merveilles, l'obscurité et le silence aussi. »

Impertinentes !

Bettina Eistel : monter à cheval coûte que coûte !

Dans les années 50-60, en Allemagne, les femmes enceintes utilisent un anti-nauséeux très répandu et désormais interdit, la Thalidomide. Bettina Eistel en est l'une des victimes, et naît sans bras.

Mais sa passion pour l'équitation, et tout particulièrement le dressage, transcende largement son handicap. Pour monter, la cavalière utilise donc le poids de son corps, ses jambes, ses orteils, et les rênes, qu'elle tient… entre ses dents !

Ce qui ne l'empêche pas de devenir vice-championne d'Europe et du monde de dressage, sacrée trois fois championne d'Allemagne, avant de ramener trois médailles des Jeux paralympiques d'Athènes en 2004.

L'équitation ? « C'est comme faire un tango avec une personne qui ferait 600 kg ! » Et quand c'est Bettina qui mène, c'est sacrément impressionnant !

Qui a osé dire « pas de bras, pas de dada » ?

Émilie du Châtelet

1706-1749

Inclinaison terrestre • Voltaire • Polyamour

Gabrielle Émilie Le Tonnelier de Breteuil naît à Paris en 1706. Coup de bol, son père choisit de lui donner la même éducation qu'à ses deux frères aînés et fait venir des précepteurs qui lui enseignent le latin, les mathématiques, les langues étrangères, l'équitation, la gymnastique, le théâtre, la danse, et le chant… À 12 ans, elle est incollable en allemand, anglais, grec et latin. Son truc, c'est de comprendre l'Univers et ses lois, mais ça ne l'empêche pas d'aimer tout autant les vêtements, diamants et chaussures… Pourquoi choisir ?

En 1725, elle épouse le marquis du Châtelet, mariage arrangé pas trop dérangeant pour Émilie qui ressent une profonde amitié pour lui, au point de lui faire trois enfants.

En 1732, quand son époux-pote part pour la guerre, elle s'installe à Paris et prend des leçons de mathématiques. La vie parisienne frénétique du début du XVIIIe siècle lui plaît et elle va rayonner dans bien des domaines, comme le théâtre et la musique. Elle dénote par sa liberté de ton, sa vivacité d'esprit et ses débordements qui déplaisent à la bonne société.

Émilie fréquente la cour plus par obligation que par goût, ne tient pas de salon comme l'usage l'aurait voulu et privilégie les tête-à-tête. Elle fréquente le café Gradot, interdit aux femmes, déguisée en homme pour participer aux conversations de ses amis.

À 27 ans, elle rencontre Voltaire, et leur liaison si intellectuellement féconde influencera pendant quinze ans le plus célèbre philosophe d'Europe. Avec l'accord de son époux-pote, Émilie et Voltaire se retirent dans le château de Cirey, propice à la création et aux études. C'est à partir de là qu'elle va activement contribuer à la recherche scientifique de manière pérenne en traduisant les principes de la philosophie newtonienne.

Elle s'affranchit ensuite du système newtonien et émet des hypothèses confirmées ensuite, comme l'inclinaison de la Terre qui présente une variation, ce qui avait échappé à Newton. Le travail d'Émilie reste aujourd'hui encore une référence.

Émilie et Voltaire continuent de vivre ensemble, malgré la nouvelle liaison de celle-ci avec le poète Jean-François de Saint-Lambert. Lorsqu'elle meurt en donnant naissance à un enfant en 1749, Châtelet l'époux-pote, Voltaire le régulier et Jean-François de Saint-Lambert le petit nouveau sont à son chevet. Comme quoi physique, philosophie et polyamour auront fait bon ménage !

« Que de femmes molles passent pour être douces ! »

Junko Tabei

1939-2016

Fukushima • Alpinisme • Environnement

Junko Istibashi est née en 1939 dans la préfecture de Fukushima. Cinquième des sept enfants de la famille, elle est assez petite et a longtemps été considérée comme faible et fragile.

Mais sa force, Junko la trouve dans la nature ! À l'âge de 10 ans, elle tombe amoureuse des montagnes quand un professeur l'emmène faire une randonnée au mont Nasu.

Après ses études, à la recherche de partenaires d'escalade et d'opportunités d'expéditions, elle rejoint des groupes d'alpinistes avec enthousiasme. Ces groupes étant majoritairement masculins, tous pensent qu'elle cherche un mari plus que des coéquipiers. Junko s'en moque et explore les sommets du Japon tout en travaillant en tant que rédactrice en chef d'une revue scientifique. Elle donne aussi des cours de piano et d'anglais pour financer son passe-temps qui lui coûte très cher. Au milieu des années soixante, elle a déjà gravi les plus hautes montagnes du Japon, dont le mont Fuji.

Elle rencontre alors son mari, Masanobu Tabei, lors d'une dangereuse ascension du mont Tanigawa.

En 1969, Junko fonde le club d'alpinisme Joshi-Tohan qui est réservé aux femmes, ce qui suscite des railleries. Refusant de sacrifier ses rêves aux conventions, elle dirige avec son club la toute première ascension réservée aux femmes de l'Annapurna III, au Népal. L'expédition est particulièrement difficile car les températures négatives gèlent le matériel déjà lourd et encombrant. Arrivées au sommet par un chemin inédit, Junko et son équipe entrent dans l'Histoire !

Histoire qu'elle écrit de nouveau en 1975, alors âgée de 35 ans, en devenant la première femme à gravir l'Everest.

Junko devient instantanément célèbre, mais modeste et lasse de l'attention suscitée, elle garde la tête froide et continue de grimper. Elle établit un autre record en 1992 en devenant la première femme à gravir les plus hauts sommets des sept continents, notamment le Kilimandjaro, le Denali, et le Vinson en Antarctique.

En 2000, elle retourne à l'université pour passer un troisième cycle en sciences de l'environnement. Elle s'inquiète du type de tourisme qui se développe autour de l'Everest et de la pollution qui en découle. En 2012, elle apprend qu'elle souffre d'un cancer, mais rien ne l'empêche de poursuivre son rêve. : « Je n'ai jamais eu envie d'arrêter de grimper, et je ne le ferai jamais. » L'été 2016, elle dirige un groupe de jeunes touché·e·s par la catastrophe de Fukushima lors d'une expédition au mont Fuji, avant de s'éteindre au mois de novembre de cette même année.

« Je ne comprends pas pourquoi les hommes font tout ce tapage à propos de l'Everest, c'est juste une montagne. »

Gisèle Halimi

Née en 1927

Tunisie • Avocature • IVG

Elle est née en Tunisie française en 1927 et, très tôt, le sentiment d'injustice éclate en elle : à 13 ans, elle entame une grève de la faim pour ne plus être obligée de servir ses frères à table. Cet épisode marque le début de son engagement pour la cause féministe. « Je devenais, sans le savoir, et très jeune déjà, féministe. Ce féminisme répondait à ma soif de liberté, de dignité. J'étudierai, je travaillerai, je gagnerai mon indépendance économique. » En 1949, Gisèle Halimi entre au Barreau de Tunis avant de poursuivre sa carrière à Paris à partir de 1956.

Jeune avocate, elle défend les indépendantistes tunisien·ne·s et algérien·ne·s, puis des femmes accusées d'avoir avorté. En 1971, elle fonde, notamment avec Simone de Beauvoir, l'association Choisir la cause des femmes, qui témoigne d'un courant du féminisme caractérisé par la certitude que cette lutte émancipatrice ne peut se passer des hommes.

La même année, elle est la seule avocate signataire du « Manifeste des 343 » : « Un million de femmes se font avorter chaque année en France. [...] Je déclare que je suis l'une d'elles. » Dans la foulée, elle s'empare de l'affaire de l'avortement de Marie-Claire Chevalier, 15 ans, enceinte à la suite d'un viol. En 1972, le célèbre « procès de Bobigny » a un retentissement médiatique et politique énorme et marque le point de départ du changement de la loi sur l'IVG. « Je m'identifie précisément et totalement avec Mme Chevalier [...] et avec ces femmes qui manifestent dans la rue, avec ces millions de femmes françaises et autres. Elles sont ma famille. Elles sont mon combat. Elles sont ma pratique quotidienne. Et si je ne parle aujourd'hui, Messieurs, que de l'avortement et de la condition faite à la femme par une loi répressive, c'est moins parce que le dossier nous y contraint que parce que cette loi est la pierre de touche de l'oppression qui frappe les femmes. »

Lors du procès d'Aix en 1976 – celui de deux jeunes filles violées – une nouvelle loi définissant le viol comme crime (et non plus comme simple délit) est en partie attribuée au travail de maître Halimi avec la solidarité très forte de groupes féministes.

À 54 ans, elle est élue députée et prend vivement position contre la peine de mort et pour la dépénalisation de l'homosexualité.

Elle travaille également sur un projet d'amendement concernant la parité en politique et sera, dans les années 80, nommée afin d'agir dans les plus hautes institutions telles que l'ONU et l'UNESCO. À plus de 90 ans, Gisèle Halimi reste une écrivaine et avocate engagée et une figure majeure de la lutte pour les droits des femmes.

« J'étais habitée par une volonté sauvage d'en découdre, à l'égal de celle des esclaves qui ne s'appartiennent pas. Et qui n'ont à perdre que leurs chaînes. »

Valentina Terechkova

Née en 1937

Union soviétique • Parachute • Conquête spatiale

Valentina Vladimirovna Terechkova naît en 1937 à Maslennikovo, petit village situé dans l'oblast de Iaroslavl. C'est précis, hein ? Après la mort de son père au front, sa mère trouve un emploi dans une usine de textile, Krasny Perekop. Précis, précis !

Valentina adore les mathématiques, la musique, le français et l'histoire, mais, à 17 ans, elle quitte l'école pour aider financièrement sa famille en travaillant dans la même usine que sa mère et sa grande sœur. Elle rejoint les Jeunesses communistes et suit des cours du soir. Passionnée d'aéronautique, Valentina effectue son premier saut en parachute en 1959.

Deux ans plus tard, Youri Gagarine devient le premier homme à aller dans l'espace. Cet événement historique incite Valentina à proposer sa candidature pour participer au programme spatial soviétique. Choisie à l'âge de 18 ans parmi plus de 400 candidates pour faire partie des cinq finalistes, elle passe un test de résistance à la chaleur : les candidates doivent supporter une température de 70 °C et un taux d'humidité de 30 %.

Elle passe ensuite deux jours dans une cellule isolée de tout bruit. « Les cinq femmes du groupe ont suivi une formation plus poussée que celle des hommes. » Le saut en parachute est une épreuve décisive, car la future cosmonaute devra s'éjecter à 7 000 m d'altitude pour regagner la Terre.

En 1963, elle est la première femme à voler dans l'espace en effectuant 48 orbites autour de la Terre à bord de Vostok 6, en 70 heures et 41 minutes.

À bord, Valentina tient un journal, photographie l'horizon et prend part à des expériences médicales. Elle est par la suite honorée du titre de Héros de l'Union soviétique, la plus haute distinction de l'URSS. Les pieds sur terre, Valentina est ensuite nommée formatrice de nouveaux et nouvelles cosmonautes à la Cité des Étoiles, poste qu'elle occupe pendant vingt-huit ans.

Parallèlement, Valentina s'engage en politique. Nommée en 1968 à la tête du Comité des femmes soviétiques, elle obtient un allongement de la durée du congé maternité. En 1981, elle renforce cette mesure en ajoutant une aide financière destinée aux familles : le congé maternité est payé aux mères jusqu'au premier anniversaire de leur enfant.

Pionnière de la conquête spatiale, elle reste aujourd'hui encore la seule femme à avoir effectué un vol en orbite en solitaire.

« Si un oiseau ne peut pas voler avec une seule aile, les vols spatiaux habités ne peuvent se développer sans la participation active des femmes. »

Kathrine Switzer

Née en 1947

Ready • Steady • Go !

Le 19 avril 1967, l'Américaine Kathrine Switzer a 20 ans lorsqu'elle révolutionne le monde du marathon. On disait à l'époque que, pour une femme, courir autant faisait tomber l'utérus, ou pousser les poils sur la poitrine...

Alors que le marathon de Boston est interdit aux femmes, elle va quand même s'y inscrire, en n'utilisant que les initiales de ses prénoms : K. V. Même si son nom est camouflé parmi les 741 présents sur la liste officielle, elle n'est pas pour autant déguisée comme l'avaient fait d'autres femmes avant elle. Non, Kathrine tient à affirmer sa féminité : elle arbore maquillage, rouge à lèvres et ses cheveux aux épaules sont simplement retenus par un serre-tête.

Armée de son courage, elle se place au départ mais, après quelques minutes de course seulement, Jock Semple, un des organisateurs, la repère et fait tout pour l'empêcher de courir. Instinctivement, elle tourne la tête et se retrouve nez à nez avec « le visage le plus vicieux » qu'elle ait jamais vu. « Un homme grand, énorme, édenté, résolu à bondir. » Avant qu'elle ne puisse réagir, il l'attrape par l'épaule et la tire en arrière, en criant : « Dégage de ma course et rends-moi ce numéro ! » Le désormais fameux numéro 261.

Défendue par son compagnon et par son entraîneur, Kathrine poursuit sa course. Elle baisse alors les yeux, se concentre et se répète qu'elle doit passer la ligne d'arrivée, peu importe le temps ou son état physique, sans quoi personne ne croira qu'une femme en est capable. Elle termine en 4 heures et 20 minutes ce marathon, et sa course devient alors un acte politique et le combat de sa vie.

L'histoire aurait pu en rester là si un photographe, Harry Trask, n'avait pas immortalisé et diffusé les images de l'altercation dans lesquelles on voit la violence, le regard de Jock, et la délivrance. Ce n'est qu'en 1972 que les femmes ont officiellement obtenu le droit de participer au marathon de Boston. Kathrine aura couru celui-ci neuf fois et une quarantaine en tout.

En 2015 elle crée le réseau « 261 Fearless » pour soutenir et accompagner les femmes sportives à travers le monde. Et comme elle le dit si bien : « Nous sommes toutes des femmes "261" car il nous est à toutes arrivé au moins une fois dans notre vie de nous sentir exclues à cause de notre religion, de notre couleur de peau ou autre. Mais on avance malgré tout et on ressent moins de peur. »

Virago #19

« Oh, Arnie, arrêtons de parler du marathon de Boston et faisons-le. »

Ambitieuses !

Sadaf Khadem : la boxe libre !

En Iran, la loi interdit aux femmes de s'entraîner dans une autre tenue que le hijab, de participer à des compétitions de boxe ou d'être coachées par un homme. Mais Sadaf Khadem ne l'entend pas de cette oreille et devient le 13 avril 2019, à Royan, à 24 ans, la première Iranienne à livrer – et à remporter ! – un combat de boxe officiel.

« Je me battais dans un match approuvé par la loi en France mais comme je portais un short et un tee-shirt, ce qui est tout à fait normal aux yeux du monde entier, j'ai enfreint les règles de mon pays. Je ne portais pas le hijab, j'ai été coachée par un homme – certaines personnes l'ont mal vu. »

Sous le coup d'un mandat d'arrêt à Téhéran, Sadaf et son entraîneur Mahyar Monshipour n'ont pas pu rentrer dans leur pays après le match. En attendant que la loi leur soit favorable, Sadaf prône les valeurs du sport et revendique sa liberté à pratiquer la boxe en véhiculant des messages d'espoir et de combativité.

À ce stade, chacun de ses combats est en soi une victoire...

Christine Jorgensen

1926-1989

Réassignation • Music-hall • Transgenres

George Jorgensen Jr. naît en 1926 aux États-Unis dans le comté de Westchester, dans le Bronx, à New York. Frustrée par le sentiment d'être une femme emprisonnée dans un corps d'homme, elle passe son bac, répond à ses obligations militaires... mais s'intéresse très tôt à la réassignation sexuelle. Elle décide de rencontrer le Dr Christian Hamburger au Danemark pour parler de sa thérapie hormonale. « J'étais un peu nerveuse, parce qu'à cette époque il y avait beaucoup de personnes qui assuraient que j'étais folle. »

Sa conversion sexuelle commence en 1950 avec des injections d'hormones et s'achève en 1952 par une intervention chirurgicale à l'hôpital de Copenhague. Elle change alors de nom et devient Christine. Dans une lettre à ses parents – qui l'ont soutenue dans sa démarche –, elle écrit : « La nature a commis une erreur que j'ai corrigée, et maintenant je suis votre fille. »

À son retour aux États-Unis en 1955, sa réassignation sexuelle fait sensation dans les tabloïds dont l'un d'eux titre : « Un GI du Bronx devient une femme ! »

Son histoire fascine l'Amérique ; elle devient alors actrice, artiste de music-hall et enregistre même quelques chansons. Elle a son propre spectacle et chante *I Enjoy Being a Girl*. Élue « Femme de l'année 1953 » par la société scandinave de New York, elle reçoit le prix sans grand enthousiasme : « J'imagine qu'ils voulaient tous jeter un œil. »

Si sa transformation est acceptée par le monde du spectacle, elle l'est beaucoup moins par la société civile. Quand elle annonce publiquement ses fiançailles avec l'homme qu'elle aime, il perd immédiatement son emploi. L'acte de naissance de Christine la mentionnant de sexe masculin, leur mariage est interdit et le couple se sépare.

Christine continue sa carrière artistique jusqu'en 1984 et utilise sa renommée pour parler au nom des personnes transgenres et militer pour leur reconnaissance. Elle dénonce les tortures émotionnelles qu'elles subissent, considérant qu'on ne peut pas être 100 % homme ou 100 % femme. « Nous n'avons pas commencé la révolution sexuelle mais je pense que nous lui avons donné un bon coup de pied aux fesses. »

Christine Jorgensen est la première personne mondialement connue à avoir subi une opération chirurgicale de réassignation sexuelle. « Je dois admettre que je ne l'ai fait que pour moi-même, je ne savais pas que cela allait toucher le reste du monde. »

Au cours des années 70-80, elle partage son expérience dans les universités du pays avant de s'éteindre en 1989.

« Tout le monde a les deux sexes à des degrés divers.
Je suis plus une femme qu'un homme. »

Fatima Al-Fihriya

800-880

Maroc • Spiritualité • Université

Fatima Al-Fihriya naît en l'an 800 en Tunisie. Après le décès de sa mère et les émeutes de Kairouan, elle s'installe avec son père au Maroc, à Fès. Fatima se marie et donne naissance à deux enfants. C'est à cette occasion qu'elle gagne son surnom : *Oum Al-Banîne*, « la mère des deux fils ».

En quelques mois elle perd son père puis son mari ; elle hérite alors d'une immense fortune. Elle prend la décision de consacrer cet argent à une œuvre pieuse et décide de bâtir une mosquée. Elle achète un terrain et dirige les travaux. Elle pose la première pierre d'Al Quaraouiyine le premier jour du ramadan, en l'an 245 de l'Hégire – soit en 859 apr. J.-C. La légende raconte que, pour obtenir l'aide de Dieu, elle a tenu le jeûne durant toute la durée des travaux, soit deux ans.

Mais ce temple de la spiritualité prend rapidement une autre tournure. Fatima, d'un naturel curieux, veut depuis son enfance comprendre le monde. Pour cela, elle convie à Al Quaraouiyine des théologiens, des intellectuels, des voyageurs…

Alors que l'Europe chrétienne tombe dans l'obscurantisme avec la période de l'Inquisition, Fès devient très prisée des érudits en quête de savoir. Des personnes de toutes religions, et qu'importe leur culture, sont désormais attirées vers Fès et sa mosquée qui en devient le cœur ; irréfutable capitale spirituelle et intellectuelle, lieu de rencontres privilégié entre l'Islam et l'Occident. C'est ainsi que la mosquée se transforme petit à petit en université et s'agrandit pour pouvoir enseigner mieux et au plus grand nombre.

Scientifiques, historien·ne·s, poètes, philosophes, géographes et écrivain·e·s s'y côtoient quotidiennement, c'est le plus prestigieux centre d'enseignement au monde et cela dure encore aujourd'hui. La Quaraouiyine est reconnue par le *Livre Guinness des records* et par l'UNESCO comme l'université la plus ancienne au monde. Parmi les étudiant·e·s illustres on peut citer le pape Sylvestre II qui a apporté en Europe la vision arabe des mathématiques, notamment le chiffre zéro !

Fatima meurt à l'âge de 80 ans, et si les historien·ne·s ont mis quelques siècles à la réhabiliter avec les éloges qu'elle mérite, c'est désormais chose faite : la plus vieille université du monde encore en activité a bel et bien été fondée par une femme, et son nom ne sera plus jamais oublié : Fatima Al-Fihriya.

Tiens donc !

La bibliothèque d'Al Quaraouiyine est ouverte au public et présente entre autres documents rarissimes le diplôme original de Fatima qui, à l'époque, était remis… sur une planche de bois !

« Où que tu reposes, Fatima Al-Fihriya, sois bénie d'être venue de Kairouan pour offrir à Fès son emblème et léguer au Maroc un des plus beaux joyaux de son patrimoine. » Fatéma Chahid.

Mary Tharp

1920-2006

Géologie • Cartographie • Truc de fille

Marie Tharp naît en 1920 dans le Michigan. Elle obtient des licences d'anglais, de mathématiques, de musique mais surtout une maîtrise en géologie qui la fait rejoindre, en tant qu'assistante chercheuse en 1948, le département de géologie de l'université Columbia, dont la mission est de cartographier les océans. Mary est très enthousiaste mais on lui explique gentiment qu'une femme n'a rien à faire à bord d'un navire de recherche scientifique.

C'est finalement Bruce Heezen qui part en mer pour recueillir les données bathymétriques tandis que Mary les organise et réalise le travail de cartographie. Il faut alors imaginer que ce sont des millions de données à traiter... sans ordinateur, et que l'océan Atlantique, c'est pas exactement le fond de ta baignoire !

Mary analyse les profondeurs et démontre qu'il existe un fossé tectonique relatif à une zone de fracture de l'écorce terrestre. Une forme de « V » au sommet de la dorsale. Elle commence à croire que ces dorsales ont été créées par un mouvement de la croûte terrestre sous l'océan. À l'époque, l'idée que le magma puisse déplacer des masses de terre ressemble trop à la théorie de la dérive des continents, jugée radicale donc inacceptable. Bruce, qui conçoit l'idée de Mary comme un « truc de fille », lui ordonne de refaire la carte, persuadé qu'elle ne peut que se tromper.

Au même moment et dans le même bureau, Howard Foster est en train de relever et de cartographier les épicentres des séismes au fond des océans. Mary compare alors les deux cartes et constate que les épicentres s'alignent parfaitement sur les dorsales qu'elle dessine ! Pour elle, c'est clair, les tremblements de terre et l'éruption de magma ont « créé » ces dorsales, mais pour la communauté scientifique, cela reste improbable. C'est alors que Jacques Cousteau, célèbre explorateur des fonds marins, accroche la carte de Mary dans la cabine de son bateau, déterminé à prouver que sa théorie est fausse ! Il réalise un documentaire pour prouver au monde que Mary se goure... mais plus les recherches avancent, plus il réalise qu'elle a raison ! L'heure de gloire ? Pas encore.

Mary publie sa première carte en 1959 et met en évidence la structure de la dorsale océanique Nord-Atlantique, complétée par des données de l'Atlantique Sud puis de l'océan Indien.

En 1997, elle est nommée « l'une des plus grandes cartographes du XXe siècle », reconnaissance légitime bien que tardive – comme d'habitude avec les « trucs de fille » – de la communauté scientifique.

« Elle est l'une des scientifiques les plus sous-estimés de l'histoire des sciences de la Terre. » Betsy Mason.

Radhia Haddad

1922-2003

Tunisie • Alphabétisation • Parlement

À Tunis, depuis le mois d'août 2012, vous pouvez emprunter la rue Radhia-Haddad, la première rue à porter le nom d'une femme dans la capitale !

Née en 1922 dans une famille bourgeoise, Radhia est une excellente élève à l'école mais ses parents l'empêchent de fréquenter le collège et la forcent à porter le voile.

À seulement 12 ans, elle réalise que sa vie de femme s'annonce bien plus compliquée que celle des hommes. Elle continue cependant à prendre des cours de langue arabe à domicile et à lire absolument tout ce que son frère ramène du collège.

Mariée à 18 ans avec son cousin maternel, elle décide, avec son accord, de ne plus porter le voile. Elle s'engage dès lors dans la vie associative puis politique en adhérant à l'Union des femmes musulmanes de Tunisie et milite lors du mouvement national contre le protectorat français.

De 1952 à 1972, elle est membre du parti socialiste et devient l'une des premières femmes parlementaires en Afrique et dans le monde arabe ; elle est la seule femme à siéger en tant que députée entre 1959 et 1974.

À ce titre, elle contribue à entériner la première Constitution tunisienne et défend courageusement, durant ses trois mandats, ses positions pour la démocratie et l'émancipation de la femme rurale. Pour l'UNFT (Union nationale des femmes tunisiennes), elle s'engage sur le terrain et lutte pour l'alphabétisation et l'indépendance financière des femmes. Le président Bourguiba déclare alors : « Je suis le président des hommes et vous la présidente des femmes. »

Mais le combat pour l'émancipation des femmes va de pair avec la démocratisation de la vie politique. Quand, dans les années 70, le régime de Bourguiba dévie vers l'autoritarisme, Radhia décide de prendre ses distances et se retire peu de temps après de la vie politique pour se consacrer à sa maison d'édition, Elyssa, du nom de la reine phénicienne et fondatrice de Carthage.

Radhia Haddad décède en 2003 après avoir largement contribué à l'avancement des droits des femmes en Tunisie.

« À l'aube de l'indépendance, la plus ancienne et la plus criante des injustices était la condition des femmes. »

Hildegarde de Bingen

1098-1179

Couvent • Érotisme • Naturopathie

Sainte Hildegarde, également nommée Hildegarde de Bingen ou Hildegarde von Bingen ou Sibylle du Rhin, naît en 1098 en Franconie rhénane – dans l'actuelle Allemagne.

Dès l'âge de 3 ans, Hildegarde commence à avoir des visions ! L'espace d'un instant, elle entend des voix et devient incapable de contrôler ses paroles et ses gestes avant de voir une grande lumière et de revenir à la réalité.

Pour son éducation, ses parents l'envoient dans un cloître bénédictin dans lequel elle mène une vie religieuse jusqu'à devenir prieure en 1136. Mais ce n'est qu'à 43 ans qu'elle confesse ses visions. L'archevêque de Mayence convoque un comité de théologiens qui en confirme l'authenticité et un moine est nommé pour l'aider à les consigner par écrit.

Le *Scivias* est donc constitué de 26 visions prophétiques et apocalyptiques qui traitent de sujets tels que l'Église, la rédemption et la relation entre Dieu et l'humanité. Reconnue de son vivant au sein des puissances ecclésiastiques, elle crée son propre couvent vers 1147.

Mais Hildegarde est également poétesse et compositrice de talent ! Elle réunit 77 de ses poèmes lyriques dans *Symphonia armoniae coelestium revelationum*.

Elle est critiquée au sein même de son propre couvent, on lui reproche notamment l'utilisation systématique du chant – interdit aux femmes dans les églises – et de la musique – peu tolérée – pendant les services religieux. Face à ces accusations, Hildegarde se défend : « Dieu doit être loué avec tous les instruments de musique que les hommes sensés et ingénieux ont inventés. »

Elle devient également la première autrice dans la poésie occidentale à utiliser un vocabulaire érotique et le langage de l'amour courtois. Avant-gardiste, elle parle du corps humain, de la sexualité et de la fécondité, en évoquant la « semence masculine » et l'« écume féminine » dans son livre de médecine *Causae et Curae*.

De santé fragile, elle trouve également des remèdes à ses propres maux. Elle puise son inspiration dans la nature, ses médicaments sont des plantes, des fruits, des animaux ou même des pierres. Elle répertorie le tout dans un ouvrage : *Le Livre des subtilités des créatures divines*. Sacrée pionnière de la naturopathie !

Morte en 1179, sa canonisation en 2012 a remis en lumière ses écrits, sa musique et sa philosophie novatrice. Sainte Hildegarde, ou la virago aux visions mystiques !

« Regarde-toi, tu as en toi le ciel et la terre. »

Leyla Hussein

Née en 1980

Excision • Prévention • Éducation

Leyla Hussein a 7 ans quand elle subit une mutilation génitale : l'excision. C'est-à-dire l'ablation du clitoris ainsi que des petites lèvres. Elle est née en 1980 en Somalie dans un milieu aisé où toutes les femmes de sa famille ont, comme elle, été excisées. Les motifs de cette pratique barbare sont, entre autres : la préservation de la virginité, l'amélioration du plaisir sexuel masculin par le rétrécissement de l'orifice vaginal et l'interdiction de l'accès à l'orgasme pour les femmes.

« Je me rappelle que la semaine suivante, quand je suis arrivée à l'école, une petite fille est venue vers moi et m'a demandé : "Tu l'as fait ?" J'ai répondu oui. Alors j'ai pu jouer avec les autres enfants. Sans cela, j'aurais été impure. »

Psychothérapeute et activiste sociale londonienne, Leyla lutte depuis près de vingt ans contre les mutilations génitales féminines (MGF). « J'ai décidé de me battre contre cette pratique à la naissance de ma fille. Une infirmière, pendant les soins post-accouchement, m'a dit : "Ce que tu as vécu, ce n'est pas un rituel, c'est de la violence." Personne ne m'avait dit cela avant. »

Elle parcourt le monde pour faire de la prévention, dans les écoles, dans les villages reculés de Somalie ou pour donner des conférences au sein d'organisations comme les Nations Unies. « Lentement mais sûrement, les choses changent... Ne serait-ce que dans le vocabulaire. Pendant des années, on parlait de "culture", de "pratiques religieuses". Mais ce n'est pas ça. C'est de la violence, ce sont des agressions sexuelles contre des femmes et des enfants, la réalité c'est ça. » Leyla dénonce à travers ces mutilations l'oppression constante du système patriarcal qui contrôle les femmes en contrôlant leurs corps. « Les mariages précoces et la pratique généralisée de la mutilation génitale limitent le contrôle qu'ont les femmes sur leur corps, leur sexualité et leur vie. »

Héroïne du documentaire *#Female Pleasure*, on y découvre son immense force et tantôt son épuisement à devoir encore et toujours rappeler une chose essentielle. L'excision : c'est grave. Car, aujourd'hui encore, toutes les onze secondes, une fillette se fait exciser à travers le monde.

Tiens donc !

200 millions de femmes dans le monde portent les séquelles de l'excision. Elles sont 500 000 en Europe.

« Si on apprend aux enfants dès leur plus jeune âge que leur corps ne devrait jamais être violenté et qu'ils doivent respecter les autres êtres humains, vous verrez les violences baisser au fil des années. La clé est l'éducation. »

Novatrices !

Nepi Lelegweny et Umoja : des femmes en communauté pour leur sécurité

Victimes de mutilations génitales, de viols ou de mariages forcés, une quarantaine de femmes ont fui le domicile familial, parfois avec leurs enfants, pour trouver refuge dans le village d'Umoja, à 300 km de Nairobi, au nord du Kenya.

Un village sans homme, où les femmes se sont organisées pour un avenir plus sain, selon leurs propres lois ! Parfaitement autonome, le village vit du bétail et d'artisanat local vendu aux touristes de la région. Les bénéfices ont ainsi permis la construction d'une école pour les enfants du village. Pourquoi s'embarrasser d'un mari quand on est indépendante financièrement ?

Si les hommes ne sont pas admis à Umoja pour y vivre, les femmes peuvent cependant les fréquenter et si toutefois un petit garçon venait à y naître, il devrait quitter l'enceinte du village arrivé à l'âge adulte. « Nous sommes très heureuses de vivre ici parce que nous sommes libres. Personne n'est là pour nous imposer des restrictions, nous avons le pouvoir. » Nepi Lelegweny.

Clara Zetkin

1857-1933

Socialisme • 8 Mars • Emprisonnement

Clara Eissner naît en 1857 à Wiederau en Allemagne. Dès 1878 elle commence à assister à des réunions socialistes interdites dans le pays. C'est là qu'elle rencontre Ossip Zetkin avec qui elle aura deux enfants. Mais Ossip est russe. Déjà interdit de séjour dans son pays en raison de ses idées, il sera également chassé d'Allemagne en 1880. Elle et lui fuient ensemble vers Paris. Après le décès d'Ossip en 1889, Clara surmonte sa peine en se réfugiant dans le militantisme. Elle participe à la préparation du Congrès ouvrier international de Paris au cours duquel elle prononce son tout premier discours : « Pour la libération de la femme ».

Deux ans plus tard, elle retourne en Allemagne et crée le journal *Die Gleichheit* (L'Égalité). Elle devient également une figure majeure du socialisme, et c'est en tant que telle qu'en 1910, épaulée par son amie Rosa Luxemburg, elle mène une campagne lors d'une conférence des femmes socialistes à Copenhague, pour que la journée du 8 mars soit retenue comme « Journée internationale des femmes ».

Les dix-sept pays représentés adoptent la proposition à l'unanimité afin de commémorer la lutte des femmes, en particulier pour le droit de vote et de meilleures conditions de travail. (Journée officialisée en 1977 par les Nations Unies.)

En 1914, elle proteste ouvertement contre l'invasion de l'armée allemande. En pleine guerre, elle organise une conférence internationale pacifiste et rédige un manifeste *Femmes du prolétariat, où sont vos maris, où sont vos fils ?* Cette réunion l'envoie pour plusieurs mois en prison.

En 1932, lorsqu'Hitler obtient 38 % des voix aux élections, Clara Zetkin, alors députée, prononce en tant que doyenne du Parlement le discours d'ouverture de la première séance et lance un vibrant réquisitoire contre le nazisme devant des tribunes bondées de « membres de la fraction nationale-socialiste, tous en grand uniformes des sections d'assaut-chemise brune avec brassard portant la croix gammée. » Selon elle : « Il s'agit avant tout d'abattre le fascisme qui veut réduire à néant par le fer et par le sang les manifestations de classe des travailleurs. L'exigence de l'heure, c'est le front unique de tous les travailleurs pour faire reculer le fascisme. »

Clara Zetkin finit par se réfugier au pays des soviets et s'éteindra dans une maison de repos en 1933, à l'aube des horreurs qu'elle a sans cesse combattues.

Tiens donc !

Ah ! Et une bonne fois pour toutes, le 8 mars, il s'agit désormais de « la Journée internationale des droits des femmes ». Jusqu'à ce qu'elle disparaisse car obsolète, bien entendu...

« L'exigence de l'heure, c'est le front unique de tous les travailleurs pour faire reculer le fascisme. »

Grisélidis Réal

1929-2005

Peinture • Prostitution • Misères humaines

C'est en Suisse, à Lausanne, que naît Grisélidis Réal en 1929. « Mon enfance a commencé de façon tout à fait normale et privilégiée entre un père et une mère intellectuels et très cultivés, qui nous ont fait connaître tout ce qui est beau. Mon père malheureusement est mort quand j'avais huit ans et demi, donc là on peut dire qu'un malheur a commencé, qui était irréversible. »

Après des études d'art à Zurich, elle s'installe comme artiste peintre. Les affres de sa vie amoureuse vont alors sceller son destin : « À force de rechercher le grand amour, le prince charmant, l'homme de ma vie, je me suis retrouvée beaucoup de fois enceinte, et sans faire exprès. Il y a eu des avortements, des fausses couches. J'ai eu quatre enfants de trois pères différents. » Elle commence à écrire pour « [se] vomir, [se] perpétuer telle qu'on l'a aimée, blessée, caressée et ressuscitée » et fait de son expérience la matière de ses livres : témoignages, plaidoyers et poèmes libérateurs.

Partie pour Munich avec un étudiant noir américain schizophrène qui lui martèle : « Tu fais le trottoir ou tu crèves », elle commence à se prostituer au début des années 60 pour pallier ses problèmes financiers. Sa première expérience en tant que prostituée est pour elle une souffrance qu'elle livre dans *Le noir est une couleur*. En 1963 elle est incarcérée pour avoir vendu de la marijuana.

Dans les années 70, elle se prostitue à nouveau et devient militante en rejoignant la révolte des prostituées à Paris. Grisélidis prône une prostitution libre et indépendante, elle s'oppose à l'hypocrisie d'une société qui la dénonce alors qu'elle la consomme. C'est pour elle une activité qui soulage les misères humaines et qui a sa grandeur. Elle va jusqu'à offrir son corps comme un moyen de guérison ou de soin pour les SDF, les handicapés, les misérables. « Quand je vois ces pauvres mecs qui tournent des nuits entières avec quelques billets dans la poche et une pauvre queue qu'est tellement timide, tellement triste… Je les ferais gratuit, par amour… Je les aime, moi, les gens. »

Grisélidis transforme la prostitution en art, en science, en humanisme. Lorsque sa flamme s'éteint en 2005, elle veut impérativement que le terme de « prostituée » figure sur son épitaphe : « Si vraiment les gens veulent conserver une tombe ou je ne sais quoi, il faut que ça serve à quelque chose. Que ça provoque encore un petit peu de scandale, et que les gens viennent baiser, forniquer, vraiment, là, qu'ils se sentent libres de transgresser tous les tabous en disant : "Vraiment, cette bonne femme, elle mérite qu'on arrose sa tombe de foutre." »

« Nous sommes et nous resterons libres, libres de nos corps, libres de notre esprit, libres de notre argent gagné à la sueur de nos culs et de nos cerveaux. »

Annie Jump Cannon

1863-1941

Étoiles • Spectre • American Astronomical Society

Annie Jump Cannon naît en 1863 dans le Delaware aux États-Unis. Elle étudie la physique et l'astronomie au Wellesley College d'où elle est diplômée en 1884. Elle voyage ensuite et s'intéresse à la photographie et à la musique. En 1894, elle retourne à Wellesley pour une année d'études supérieures en astronomie. Puis elle s'inscrit à Radcliffe afin de poursuivre ses études auprès d'Edward C. Pickering, le directeur de l'Observatoire d'Harvard.

En 1896, Annie est nommée assistante de l'Observatoire et consacre toute son énergie au projet ambitieux qui vise à enregistrer, classer et cataloguer les spectres de toutes les étoiles. En utilisant les travaux de Fleming, qui avait initialement classé les spectres stellaires par lettre dans l'ordre alphabétique de A à Q, et ceux de Maury, qui a créé un nouveau schéma avec 22 groupes de I à XXII, elle change quelques bricoles pour créer son propre système de classification. Dans un catalogue de 1 122 étoiles publiées en 1901, Annie simplifie radicalement le schéma de Fleming en utilisant uniquement quelques lettres et en y ajoutant des divisions numériques de 0 à 9 – par exemple, le type spectral de notre soleil est G2. Les étoiles sont répertoriées en fonction de leur température et leurs classifications spectrales sont universellement adoptées.

Mais le classement d'étoiles n'était pas un travail pour les astronomes au sens traditionnel du terme. Une coupure de journal de 1937 précise qu'il aurait été « un peu trop attendre qu'une femme puisse manipuler les instruments lourds et surveiller le ciel chaque nuit ». Et pourtant...

Alors que son système de classification est reconnu comme essentiel pour la communauté des astronomes, il est surnommé le « système d'Harvard », effaçant ainsi le nom d'Annie de l'Histoire. (Voir l'effet Matilda page 39.)

Annie ne reçoit un poste permanent à l'université qu'en 1938 après quarante ans de travail ! Elle est cependant la première femme à recevoir un diplôme honorifique de l'université d'Oxford et se voit décerner de nombreuses autres récompenses au cours de sa vie, tout en classant plus de 225 000 étoiles.

Elle est aussi la première femme à devenir officière de l'American Astronomical Society. En 1933, elle crée le prix Annie-Jump-Cannon, qui est décerné à une femme astronome nord-américaine pour sa contribution remarquable à l'astronomie.

Annie prend sa retraite de l'Observatoire en 1940 mais poursuit ses recherches jusqu'à sa mort en 1941.

« La classification des étoiles a contribué de manière significative
à toutes les études sur la structure de l'Univers. »

Les scientifiques spoliées

L'effet Matilda, vous en voulez encore ?
Et paf, on en remet une couche !

Trotula de Salerne, autrice de l'ouvrage de référence en matière de gynécologie au Moyen Âge. Attribué à des hommes.

Lise Meitner découvre la fission nucléaire en 1938. Son collègue obtient le prix Nobel à sa place.

Rosalind Franklin découvre en 1962 la structure en double hélice de l'ADN. Le prix Nobel de médecine est remis à ses collègues pour ses travaux.

Jocelyn Bell Burnell découvre les pulsars en 1968. Son directeur de thèse est récompensé du Nobel de physique.

Cecilia Payne-Gaposchkin découvre la composition des étoiles en 1925. Attribué à un autre astronome.

Nettie Stevens identifie le rôle des chromosomes X et Y en 1905. Attribué à son directeur de thèse.

Esther Lederberg, précurseure en génétique des bactéries dans les années 50. Son mari reçoit le prix Nobel de médecine pour leurs recherches communes.

Annie Jump Cannon développe le système de classification des étoiles en 1896. Attribué à... son université ! « Classification de Harvard »...

Marthe Gautier décèle la trisomie 21 en 1958. Un homme se l'attribue publiquement en conférence.

Marietta Blau et **Hertha Wabacher** révolutionnent les méthodes photographiques de détection de particules chargées dans les années 1930. Le prix Nobel est attribué à Cecil Powell. (Oui, c'est un homme.)

Marian Diamond découvre la plasticité neuronale en 1964. Les noms de ses co-auteurs sont placés devant le sien, qui est mis entre parenthèses.

Et ce ne sont que des exemples...

Simone Veil

1927-2017

Déportation • Magistrature • Panthéonisation

Simone Jacob naît à Nice en 1927, peu de temps avant les premières discriminations perpétrées à l'encontre des Juifs par le régime de Vichy. Malgré les tensions antisémites qui règnent sur la Côte d'Azur sous contrôle allemand, Simone réussit son baccalauréat en 1944. Quelques mois plus tard, malgré son nom d'emprunt, Simone Jacquier, elle est arrêtée lors d'un contrôle de police.

Simone, sa mère et l'une de ses sœurs sont d'abord emmenées au camp de Drancy avant de partir pour Auschwitz-Birkenau par le convoi n° 71. Écoutant les conseils d'un prisonnier, elle déclare avoir plus de 18 ans pour éviter l'extermination systématique des mineurs. Sur son bras, le matricule 78651, qu'elle portera à vie. Elle décharge des camions de pierres et reste debout tant qu'elle peut.

En moins de trois mois, Simone Veil assiste à l'extermination de 400 000 Juifs hongrois. Elle aperçoit, convoi après convoi, leur arrivée, de jour comme de nuit. Puis elle subit plusieurs transferts pour finir à Bergen-Belsen, où elle travaille en cuisine. Sa mère meurt du typhus, sa sœur est sauvée de justesse par l'arrivée des Alliés en 1945.

Simone, survivante, rentre en France et épouse Antoine Veil avec qui elle aura trois fils. Avec une licence de droit et un diplôme de l'Institut d'études politiques de Paris, elle réussit le concours de la magistrature en 1956 et prend en charge les affaires judiciaires en tant que haut fonctionnaire à la direction de l'Administration pénitentiaire. Lors d'une tournée d'inspection, elle se confronte à la situation des prisons en Algérie. Elle s'efforce alors d'y améliorer les conditions de détention, et d'y garantir la sécurité. En France, voyant l'état de santé préoccupant des détenus, elle demande qu'un camion radiologique y dépiste les maladies, elle crée également des cellules médico-psychologiques, des bibliothèques et des structures scolaires.

En 1970, elle devient la première femme secrétaire général du Conseil supérieur de la magistrature. En 1974, alors ministre de la Santé, elle est chargée de présenter le projet de loi dépénalisant l'avortement, non sans attaques ignominieuses. La loi est adoptée et son discours restera à jamais dans l'Histoire.

Élue première présidente du Parlement européen, elle est ensuite nommée ministre d'État des Affaires sociales avant de terminer sa carrière au Conseil constitutionnel. Elle préside également la Fondation pour la mémoire de la Shoah de 2000 à 2007.

En 2008 elle rejoint l'Académie française et devient immortelle. Son décès le 30 juin 2017 n'y changera rien et sa panthéonisation va dans le sens de l'immense admiration que nous lui portons tou·te·s.

#ViragINA
Loi Veil

« Les chances, pour les femmes, procèdent trop du hasard, et pas assez de la loi ou plus généralement de la règle du jeu. »

Conclusion

En terminant ce livre sur l'immense Simone Veil, il s'agit aussi de dire merci à toutes les « connues », celles qui investissent l'espace, qui s'exposent et redessinent les contours de la parole publique.

Merci à celles qui ouvrent la voie pour s'émanciper, se lever, se dresser, même, et améliorer la société.

Merci à toutes les viragos en devenir de vibrer, de se sentir portées dans un élan et une volonté de changer le monde.

Soyez libres, indépendantes, intrépides.

Regardez toujours l'intelligence des uns avec humilité, et la faiblesse des autres avec bienveillance. Soyez vous-même puisque personne d'autre ne le sera à votre place, à l'instar des viragos que vous avez rencontrées dans cette lecture.

Merci à Laure-Hélène Accaoui d'avoir fait émerger ce projet alors même que l'idée ne nous traversait pas l'esprit.

Merci à Marion Bolingue pour son soutien et son accompagnement tout au long de l'écriture, elle qui a su nous rassurer avant même que nous ayons eu le temps de nous inquiéter.

Merci à Léna Bousquet pour son talent, son infinie patience et sa générosité au service de ces « poussières d'étoiles » qui émanent de nos viragos, comme autant d'échos et de traces laissées pour l'Histoire.

Merci à Aline Sibony, Laure Faucon-Daniel et les équipes de First.

Merci à la médiathèque de Monaco.

Merci à Antonio et Laura Rebaudo.

Merci à David Anouk et Romy Tabourier.